ひろばブックス

キホンの技法で遊ぼう!作ろう!

著・星野はるか（KUMA'S FACTORY）

メイト

Pon Pon

はじめに

「うまく」より「楽しく」

　みなさん、はじめまして。星野はるかと申します。私は現在、株式会社KUMA'S FACTORYという会社で保育環境に関するアートや、デザインワークに携わっています。また、2010年からは全国の様々な園にうかがい、保育製作に関するセミナーを開催してきました。そうしたセミナーを通じていろいろな先生方と交流させていただき、多くの学びを受け、このたび「技法」をテーマとした、私自身2冊目となる『ひろばブックス』を出版させていただくことになりました。

　本書は、"保育現場で活用できる様々な技法を網羅した"一冊になっています。

　また、一方的な技法の紹介や進行ではなく、これまでの経験を振り返りながら"応用手法"や"言葉かけポイント"も交え、取り組みの参考動画もご紹介しています。お手持ちのスマートフォンなどで誌面内のQRコードを読み取り、誌面と合わせてご覧いただくと、イメージもふくらみやすくなるのではないかと思います。ぜひ、ご活用ください。

　さて、本書の基本的な考え方ですが、私は子どもたちとの製作は、子どもの「やってみよう！ の気持ちをつくる時間」ととらえています。つまり「うまく作ること」より、「子どもたちと楽しく関わること」を目的として取り組む姿勢が大切だというこ

Choki

Choki

とです。そうした目的意識をもつことで、保育者側も、「作ることやきれいに飾ること」に必要以上にとらわれず、子どもたちに対してもっと積極的に関わったり、様々な視点からの言葉かけができるようになると思います。

　それが結果的に、子どもたちにとって、のびのびと主体的に製作に取り組める、よりよい保育の環境づくりにつながるのではないでしょうか。さらに、技法のノウハウをストックすることは、保育の引き出しを増やすということにもつながります。

　ぜひ「みてみて！」と、保育の時間に発表してみてください。子どもたちはきっと「なになに？」と、興味をもってくれると思います。

　そのときは、本誌で修得した技法遊びを、あたかも魔法のように、大きく元気なアクションで実践してみてください。きっと「ぼくも！　私も！」と、たくさんの子どもたちの驚きや笑顔が見られることでしょう。

　先生方なら、きっとそんなすてきな魔法使いになれると思います。

　私たちKUMA'S FACTORYは、これからも保育現場を支える先生方を応援しています。

　たくさんの笑顔が生まれますように。

星野はるか

CONTENTS

COLUMN

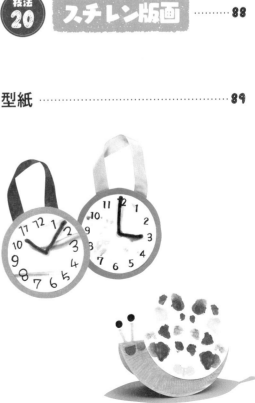

技法を生かした 年齢別作品一覧

低年齢児

スタンプ
「チョウチョのモビール」 P.17

「イチゴのガーランド」と「窓飾り」 P.17

デカルコマニー
「魚のモビール」 P.23

「打ちあげ花火」 P.23

にじみ絵
「てるてる坊主」 P.29

「シャボン玉の窓飾り」 P.29

マーブリング
「風船ガーランド」 P.35

「マーブリングうちわ」 P.35

「アイスクリームガーランド」 P.35

ちぎり絵
「フクロウのつるし飾り」 P.41

「ミノムシの窓飾り」 P.41

転がし絵
「さくらんぼのガーランド」 P.53

「たけのこの窓飾り」 P.53

はじき絵
「お気に入りの洋服」 P.57

「食べ物いろいろ」 P.57

ステンシル
「キャンディモビール」 P.61

「スイスイトンボ」 P.61

スパッタリング
「キラキラつるし飾り」 P.65

「クリスマスリース」 P.65

3歳児〜

スタンプ
「こいのぼり」 P.14

「こいのぼり」 P.14

「ナノハナの壁面飾り」 P.15

「お花畑の壁面飾り」 P.16

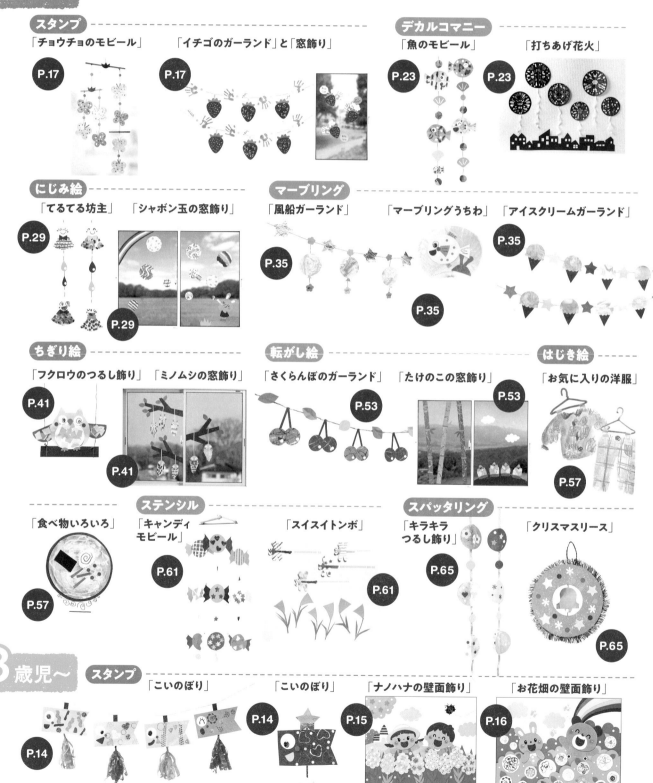

6

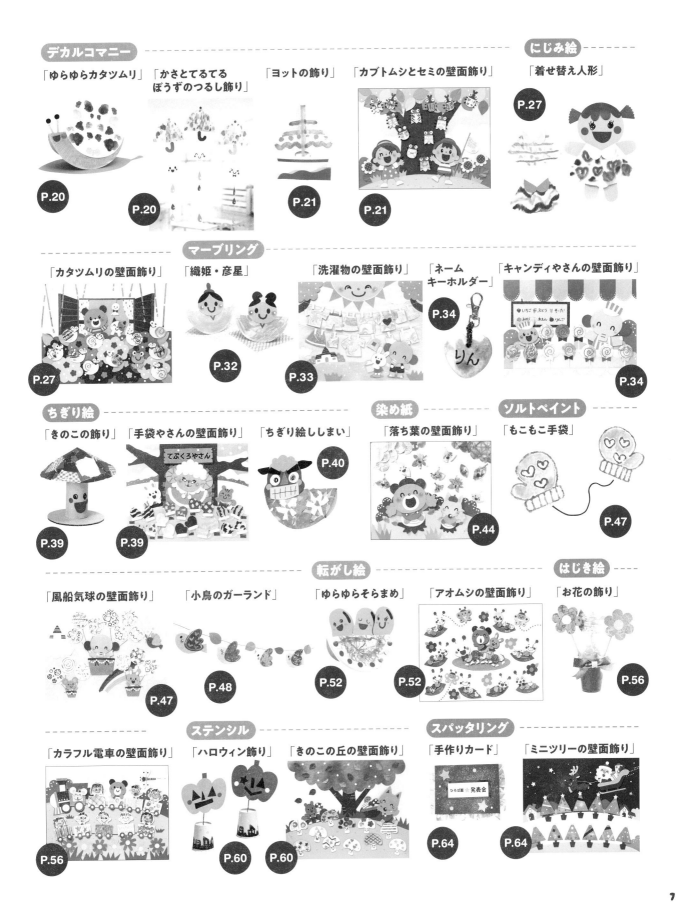

4歳児〜

「マイバッグ」P.59

スパッタリング
「星のガーランド」P.63

切り紙
「クラゲモビール」P.73

「ステンドグラス風窓飾り」P.73

ひっかき絵
「風鈴型つるし飾り」 「山の花火」
P.77 P.77

こすり出し
「ありがとうカード」P.81

ぼかし絵
「豆入れ&あられ入れ」P.84

「おひなさまのつるし飾り」P.85

5 歳児〜

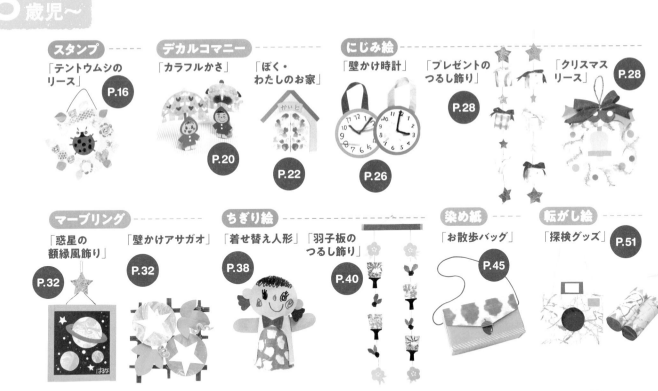

スタンプ
「テントウムシのリース」P.16

デカルコマニー
「カラフルかさ」P.20

「ぼく・わたしのお家」P.22

にじみ絵
「壁かけ時計」P.26

「プレゼントのつるし飾り」P.28

「クリスマスリース」P.28

マーブリング
「惑星の額縁風飾り」P.32

「壁かけアサガオ」P.32

ちぎり絵
「着せ替え人形」P.38

「羽子板のつるし飾り」P.40

染め紙
「お散歩バッグ」P.45

転がし絵
「探検グッズ」P.51

はじき絵
「サンバイザー」P.55

スパッタリング
「クリスマスケーキ」P.63

張り子
「ハロウィンお面」P.67

「ランプシェード」P.68

切り紙
「切り紙ランタン」P.73

こすり出し
「すてき帽子」P.81

9

この本の見方

本誌は、一つの技法を4～6ページで紹介しています。それぞれ基本の準備物や手順、
製作アイデアを掲載しています。子どもたちの発達、
興味・関心などに合わせて技法を選び、実践してください。

技法の名称

手順やポイント、子
どもへの言葉かけ、
本誌で紹介している
作品以外の製作アイ
デアなどが見られる
動画のQRコード／
URLです。

基本の準備物と、基
本の手順を紹介して
います。

準備の段階や活動を
進める際に押さえて
おきたい4つのポイ
ントを紹介していま
す。

型紙掲載ページ

対象年齢と、作品タ
イトル・作品紹介

キホンの技法 + 製作アイデア

幼児期の造形表現を支えるために必要な技法と、
それを生かした製作アイデアをたっぷり紹介します。
まずは基本の準備物や手順、取り組みの際のポイントをしっかり押さえて
子どもたちと技法遊びを楽しみ、イメージや思いを表現していきましょう。

はじまるよー

スタンプ

型に絵の具をつけて、紙に模様を押し写すスタンプ。トイレットペーパーの芯・ペットボトルなどの廃材・野菜など、身近な素材を使って楽しみましょう。

基本の準備物 スタンプの型・色画用紙・絵の具・新聞紙

基本のおこない方

❶ 型に少量の水で溶いた絵の具をつける。

❷ 色画用紙に型を押し写す。

実践動画もCheck!

スタンプの実践＆ポイント動画はこちら
https://youtu.be/ynXNVXz7Lxg

POINT 1

●色画用紙の下に、新聞紙などクッション性のあるものを敷いておきます。ポンと押すよりも "ぎゅーっ" と押すときれいにつきます。

POINT 2

●パレットなどに絵の具を2色くらい出し、型で少し混ぜながらつけると、スタンプしたときに色が混ざり合ってきれいです。

POINT 3

●野菜を使ってスタンプをおこなう際、切り口がしなびてきたらカットすると復活します。切り口は、平らになるようにカットします。

POINT 4

●絵の具は紙皿やパレットのほか、クリアファイルに出して使うのもおすすめ。平らで絵の具をつけやすくなります。スタンプの型のすみずみにまで絵の具がつくように、筆で塗っても◎。

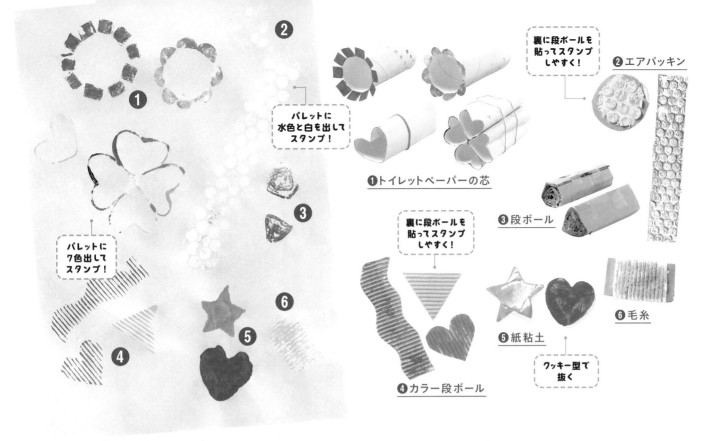

② パレットに
水色と白を出して
スタンプ！

❸

パレットに
7色出して
スタンプ！

④　⑤　⑥

裏に段ボールを
貼ってスタンプ
しやすく！

② エアパッキン

① トイレットペーパーの芯

❸ 段ボール

裏に段ボールを
貼ってスタンプ
しやすく！

④ カラー段ボール

❺ 紙粘土

クッキー型で
抜く

❻ 毛糸

いろいろスタンプコレクション！

⑦ ピーマン

⑧ レンコン

❼

❽

⑨ 葉っぱ

野菜は、切り口が
しなびてきたら少し
カットすれば復活！

輪ゴムで
とめる

⑩ コマツナの芯

❾

⑪ スポンジ

⑫ オクラ

⑩

⑬ タンポ筆

⑪　⑫

⑭ トウモロコシ

⑬

⑭

⑮ ペットボトル

⑮

製作アイデア

型紙
P.89

材料 スタンプの型・絵の具・色画用紙・カラーペン・麻ひも・スズランテープ・セロハンテープ・のり

色画用紙に描いて貼る

二つ折りした色画用紙 麻ひもを通す

貼る

色画用紙にスタンプ

貼る 2色束ねたスズランテープ

3歳児〜

こいのぼり

いろいろな色の色画用紙＆スタンプで、個性あふれるこいのぼりを作りましょう。

材料 スタンプの型・絵の具・色画用紙・丸シール・折り紙・割りばし・マスキングテープ・紙粘土・段ボール・両面テープ・木工用接着剤

両面テープで貼る 色画用紙に折り紙を貼る

色画用紙にスタンプ

割りばしにマスキングテープを巻く

両面テープで貼る

丸シールを貼る

さす 中心をくぼませ、木工用接着剤をつける

段ボールに色画用紙を貼る

紙粘土

4歳児〜

お花

新入園児へのプレゼントや、ファミリーデーのプレゼントなどにおすすめ！

材料 スタンプの型・絵の具・色画用紙・モール・紙粘土・紙パック・カラー段ボール・はなおりがみ・セロハンテープ・のり・木工用接着剤

色画用紙にスタンプ

貼る

モールを2本ねじる

中心をくぼませてさす

紙粘土

色画用紙を貼った紙パック

はなおりがみをのせる

色画用紙を木工用接着剤で貼る

色画用紙

カラー段ボールを貼る

材料 スタンプの型・絵の具・色画用紙・モール・クレープ紙・リボン・輪ゴム・セロハンテープ

花を置く

クレープ紙

輪ゴムでとめてリボンを結ぶ

※花の作り方は、左と同様

4歳児〜

サクラのつるし飾り

トイレットペーパーの芯は、サクラの花びらを表現するのに最適。5つ押せばサクラの花のできあがり！

材料 トイレットペーパーの芯・絵の具・色画用紙・レースペーパー・リボン・のり・セロハンテープ

折って花びらの形にした
トイレットペーパーの芯

絵の具

セロハンテープでとめる

色画用紙をまわしながら5つスタンプ

→

色画用紙

リボンにセロハンテープで貼る

レースペーパーに貼る

色画用紙（二つ折りしてからじゃばら折りして開く）

色画用紙

レースペーパーに色画用紙を貼る

3歳児〜

ナノハナの壁面飾り

トイレットペーパーの芯・エアパッキン・スポンジなどのスタンプを準備し、それぞれ好きな素材でナノハナを表現しましょう。

型紙
P.89

材料 スタンプの型・絵の具・色画用紙・丸シール

スタンプの型

スポンジ（輪ゴムでしばる）

エアパッキン（段ボール片に貼る）

トイレットペーパーの芯

絵の具

スタンプする

丸シール

色画用紙

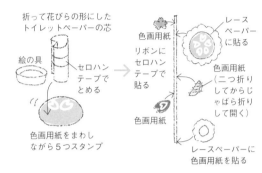

5歳児〜

テントウムシのリース

型紙
P.89

スタンプを作るところから子どもたちと楽しんでもいいですね。
テントウムシの星は指スタンプで。

材料 スタンプの型・絵の具・色画用紙・段ボール・
綿ロープ・テグス・のり・セロハンテープ

綿ロープを裏に貼る

裏にテグスをセロ
ハンテープで貼る

色画用紙

貼る

色画用紙に
指スタンプ

色画用紙を
段ボールに貼る

スタンプの型

段ボール(巻
いてガムテー
プでとめる)

エアパッキン
(段ボール片
に貼る)

スポンジ
(輪ゴムで
しばる)

トイレット
ペーパーの芯

カラー段ボール
(段ボール片に貼る)

絵の具を混ぜて
スタンプしても
きれい!

3歳児〜

お花畑の壁面飾り

型紙
P.90

個人個人、スタンプ遊びを楽しんで作ったお花を集めたら、すて
きなお花畑のできあがり! チョウチョは、スポンジのスタンプで。

材料 スタンプの型・絵の具・色画用紙

型に絵の具を
つけて
スタンプ

色画用紙を
ピンキング
ばさみで切る

低年齢児
向け

チョウチョのモビール

指スタンプで作るチョウチョ。ゆらゆら揺れるモビールは、
子どもたちの興味をひきつけます。

材料

色画用紙・モール・絵の具・マスキングテープ・割りばし・フェルト・木工用接着剤・麻ひも・セロハンテープ

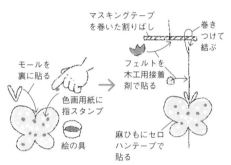

モールを裏に貼る
色画用紙に指スタンプ
絵の具

マスキングテープを巻いた割りばし
巻きつけて結ぶ
フェルトを木工用接着剤で貼る
麻ひもにセロハンテープで貼る

葉っぱは
手形で！

イチゴのガーランド

綿棒のスタンプは、低年齢児でも持ちやすくおすすめです。手形の葉っぱと一緒に飾りましょう。

材料

綿棒・輪ゴム・絵の具・色画用紙・麻ひも・モール・リボン・セロハンテープ

**型紙
P.90**

色画用紙
輪ゴムで結ぶ
綿棒でスタンプ
絵の具

手形を押して切り取る

巻きぐせをつけたモール

色画用紙
セロハンテープで貼る

麻ひもにかけてホチキスでとめる
リボン

名前をつけて
窓飾りにしても
Good!

17

技法 02 デカルコマニー

絵の具をつけた色画用紙を半分に折って、絵の具を転写させる技法です。
偶然できた模様を何かに見立てるのも楽しい！

基本の準備物 絵の具・色画用紙（表面がつるつるしたケント紙なども◎）・筆・新聞紙

基本のおこない方

1 色画用紙を半分に折って、開く。

2 色画用紙の半分に絵の具をつける（半分にだけ絵の具をつけることがわかるように、言葉かけをしながらおこなう）。

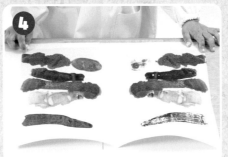

3 色画用紙を半分に折って、全体をしっかり押さえる。

4 ゆっくり開く。

実践動画もCheck!

デカルコマニーの実践
&ポイント動画はこちら
https://youtu.be/
Lgya31Zx4OQ

POINT 1
●絵の具が乾くと左右対称に色がつかなくなってしまうため、絵の具はたっぷりつけ、あまり時間をあけずに転写します。

POINT 2
●絵の具は少量の水で溶いておきます。水分が多いと紙を半分に折ったときに絵の具が流れてはみ出たり、きれいに転写されないことがあります。

POINT 3
●いろいろな色の絵の具をつけるようにすると、転写したときに不思議な模様ができたり、色が混ざり合う様子を楽しめます。

POINT 4
●筆で絵の具をたらしたり塗ったりするほか、感触を確かめながら直接指で絵の具をつけて楽しむのもおすすめです。

楽しみ方いろいろ！

**チューブから直接
絵の具を出して
おこなうと……**

粘度のある絵の具が押しつぶされて、
独特のしわや模様ができやすい！

**水で溶いた
絵の具で
おこなうと……**

絵の具が広がりやすく、ほかの色と混ざり合う
様子が楽しい！

こんな方法も！

半分ずつ違う
模様を描いて、
色画用紙を
合わせる

こっちは水玉

**模様が
重なり合って
楽しい！**

こっちは
グルグル

閉じて
開くと……

絵の具を
つけてから
色画用紙を
こすり
合わせる

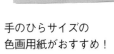

手のひらサイズの
色画用紙がおすすめ！

閉じて
開くと……

**グラデーション
がきれい！**

製作アイデア

材料
絵の具・色画用紙・紙皿・モール・カラーペン・セロハンテープ・のり

デカルコマニーする（2枚）

紙皿を絵の具で塗る

色画用紙に描いて貼る

穴

モールをさしてセロハンテープでとめる

色画用紙を貼る、または描く

二つ折りして、両面にデカルコマニーした色画用紙を貼る

色画用紙

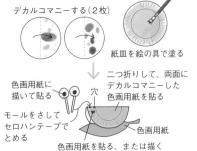

3歳児〜

ゆらゆらカタツムリ

どちら向きにも置いて飾ることができるように、デカルコマニーした色画用紙を紙皿の両面に貼るのがおすすめです。

BACK

5歳児〜

カラフルかさ

型紙
P.90

「こんなかさがあったらいいな」と想像しながら、世界に一つだけのカラフルかさを作りましょう。

材料
絵の具・色画用紙・プラカップ・ストロー・はなおりがみ・スズランテープ・丸シール・カラーペン・セロハンテープ・両面テープ・のり

デカルコマニーした色画用紙（2枚）

スズランテープと丸シールを貼る

プラカップに穴をあけ（保育者）、ストローをさす

はなおりがみを詰める

ストローをはさんで貼り合わせる

色画用紙

子どもが描いた顔を貼る

色画用紙で作り、両面テープで貼る

セロハンテープでとめる

3歳児〜

型紙
P.90

かさとてるてるぼうずのつるし飾り

かさの部分は、デカルコマニーで色づけした色画用紙を3枚貼り合わせて作ります。何色の色画用紙を使うか、選ぶところから楽しみましょう。

材料
絵の具・色画用紙・丸シール・テグス・のり

丸シール

デカルコマニーして、テグスをはさんで3枚貼り合わせる

色画用紙でパーツを作り、テグスをはさんで表と裏から貼り合わせる

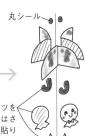

3歳児〜
ヨットの飾り

型紙 P.90

三角の紙でデカルコマニーを楽しみ、ストローを貼ってヨットの帆を作ります。置いて飾っても、海にプカプカ浮かぶヨットをイメージしてつるし飾りにしても。

材料
色画用紙・絵の具・太めのストロー・紙コップ・両面テープ

紙コップに切り込みを入れて差し込む

色画用紙 太めのストロー

デカルコマニーする

色画用紙

それぞれのパーツを両面テープで貼り合わせる

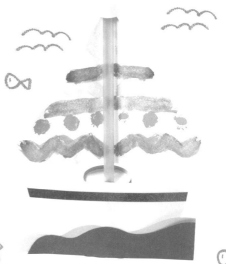

材料
色画用紙・絵の具・カラーペン・丸シール・のり

色画用紙にペンで描いて貼る

デカルコマニーする

色画用紙

ペンで描く
丸シール

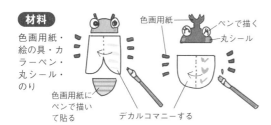

3歳児〜
カブトムシとセミの 壁面飾り

型紙 P.91

いろいろな色や模様のカブトムシやセミを作って、夏の保育室をにぎやかに飾りましょう。使用する色画用紙も様々な色を用意しておくと子どもたちの想像が広がり、より個性豊かな作品になります。

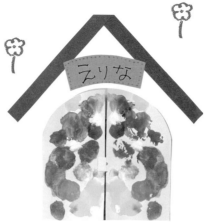

5歳児〜

ぼく・わたしの お家

デカルコマニーで模様づけした色画用紙を窓にして、自分のお家を作りましょう。窓をあけると、子どもの自画像がお目見え。朝、登園したら自分のお家の窓をあけるのを習慣にしてもいいですね。

OPEN

材料 色画用紙・絵の具・段ボール・カラーペン・セロハンテープ・のり

色画用紙を二つ折りして切る

開いて切りはなす

開いてデカルコマニーする

段ボールに色画用紙を貼る

一方の窓に切り込みを入れ、もう一方の窓には細長く切った色画用紙を貼ります。窓を閉めるときは、色画用紙を切り込みに差し込みます。

切り込み

自画像を描いて貼る

三角にした段ボールを後ろに貼る

切り込み

窓をセロハンテープで貼る

細長く切って二つ折りした色画用紙を窓の内側に貼る

4歳児〜

とことこカメさん

デカルコマニーで模様をつけた色画用紙を二つに切りはなし、紙コップの両側に貼ってカメの甲羅にします。コースを設定してレースをするなど、作ったあとは遊んで楽しみましょう。

材料 色画用紙・絵の具・ペットボトルのキャップ・粘土・ビニールテープ・輪ゴム・紙コップ・丸シール・カラーペン・セロハンテープ・のり

ペットボトルのキャップに粘土を詰め、ビニールテープでとめる

(A)
(B)
輪ゴム(A)をかけてビニールテープでとめ、輪ゴム(B)を巻く

紙コップに切り込みを入れ、輪ゴムをかける

輪ゴムをかけたら、切り込み部分を外側に折ってセロハンテープでとめる

色画用紙を二つ折りして切る

開いてデカルコマニーする

描く
丸シール
足は内側に貼る

切りはなして2枚にし、紙コップの両側から貼る

紙コップに取りつけたペットボトルのキャップをくるくる回して平らな場所に置くと、とことこ動きます。

低年齢児向け

魚のモビール

海をイメージして、貝殻やキラキラ素材と一緒に飾ってモビールに。カラフルな魚が泳ぐようにゆらゆら揺れる様子や、キラキラ素材が光に反射して輝く様子を楽しみましょう。

材料

色画用紙・絵の具・太めのストロー・麻ひも・キラキラテープ・セロハンテープ・カラーペン・のり

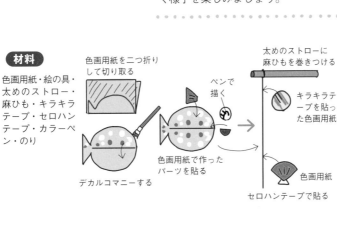

色画用紙を二つ折りして切り取る

ペンで描く

太めのストローに麻ひもを巻きつける

キラキラテープを貼った色画用紙

色画用紙で作ったパーツを貼る

デカルコマニーする

色画用紙

セロハンテープで貼る

鉛筆に巻きつけるなどしてくるくると巻きぐせをつけたリボンを貼る

打ちあげ花火

デカルコマニーで作った花火を壁に直接貼って飾ります。黒の色画用紙を使うと、絵の具が映えます。

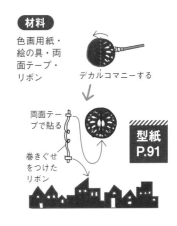

材料

色画用紙・絵の具・両面テープ・リボン

デカルコマニーする

両面テープで貼る

巻きぐせをつけたリボン

型紙 P.91

技法03 にじみ絵

色がじんわり広がる様子が楽しいにじみ絵。色がにじみながら変化していくので、乾いた紙に描くのとは違って、予想外の線や模様が生まれるのも魅力。色と色が混ざり合い、違う色が生まれる小さな驚きも体験できます。

基本の準備物 色画用紙・水・絵の具・刷毛・筆・新聞紙

基本のおこない方（色画用紙と絵の具の場合）

1 色画用紙に、刷毛でたっぷり水を塗る。

2 水で溶いた絵の具をつける。

実践動画もCheck!

にじみ絵の実践＆ポイント動画はこちら
https://youtu.be/shSmyydOf64

POINT1

●絵の具は、多めの水で溶いておきます。色がじわっと広がったり、色同士が混ざり合う瞬間を見ることができるように、じっくり時間をかけておこないましょう。

POINT2

●絵の具をつけるときは、筆先でちょんちょんと置くようにしたり、ポタッとたらしたりすると、花が咲くようにフワッと色が広がります。

POINT3

●この色とこの色が混ざると何色になるかな？ など、想像しながら楽しむのもおすすめです。

POINT4

●色がにじんでできた形を何かに見立て、クレヨンやペンで線などを描き加えて様々な表現活動を楽しみましょう。

にじみ絵いろいろ

24ページで紹介した基本のおこない方以外にも、いろいろな方法で楽しめるにじみ絵。
使う紙によってもにじみ方が異なり、色の広がりや混ざり方の違いを感じられます。
年齢や発達に合わせて楽しみましょう。

コーヒーフィルター×水性ペン

コーヒーフィルターに水性ペンで模様を描く。

霧吹きで水をかける。吹きかける水の量によって、にじみ方が変わる。

低年齢児
クラスに
おすすめ！

キッチンペーパー×絵の具

キッチンペーパーに、霧吹きで水をかける。

水で溶いた絵の具をスポイトでたらす。先にキッチンペーパーを湿らせておくことで、絵の具が広がりやすくなる。

色が混ざってきたよ！

ハートの形にしてみよう！

製作アイデア

型紙 P.91

4歳児～

アジサイ飾り

にじみ絵でできるグラデーションを生かして、アジサイの花を表現。まわりをピンキングばさみで切ると、アジサイらしい、もこもことした雰囲気が出ます。

材料 色画用紙・水・絵の具・紙皿(大)・麻ひも・セロハンテープ・木工用接着剤・のり

水でぬらした色画用紙に絵の具をたらす

乾いたらピンキングばさみで切り取る

パンチで抜いた色画用紙を貼る

麻ひもを裏からセロハンテープで貼る

紙皿

色画用紙

色画用紙

それぞれ木工用接着剤で貼る

5歳児～

壁かけ時計

時計の文字盤をにじみ絵で作れば、個性豊かな作品になります。モールで作った針は、自由に動かすことができます。

材料 色画用紙・絵の具・水・段ボール・リボン・丸シール・モール・セロハンテープ・カラーペン・のり

水でぬらした色画用紙に絵の具をたらす

乾いたら切り抜く

貼る

段ボールに色画用紙を貼り、丸く切り抜く(保育者)

中心に丸シールを貼り、キリで穴をあける(保育者)

数字を書く

リボンを裏から貼る

2本のモールをねじって穴に入れ、裏でセロハンテープでとめる

針を動かせるから、時計を読む練習にも役立つ!

3歳児〜

着せ替え人形

コーヒーフィルターの形は、洋服を表現するのに最適。思い思いの洋服を作って、着せ替え遊びを楽しみましょう。

材料 コーヒーフィルター・水性ペン・水・色画用紙・マスキングテープ・のり

色画用紙を貼る

マスキングテープを輪にして裏に貼り、着せ替えを楽しむ

切り取る

コーヒーフィルターに水性ペンで模様を描き、霧吹きで水を吹きかける

ペンで描く

色画用紙

材料

色画用紙・絵の具・水・キッチンペーパー・水性ペン・丸シール・のり

【色画用紙のカタツムリ】
水でぬらした色画用紙に絵の具をたらす

乾いたら切り抜く

【キッチンペーパーのカタツムリ】
キッチンペーパーに水性ペンで模様を描き、霧吹きで水を吹きかける

ペンで描く

丸シール

色画用紙

貼る

型紙 P.92

3歳児〜

カタツムリの壁面飾り

色画用紙×絵の具、キッチンペーパー×水性ペンなど、子どもが好きな素材や道具を選んでカタツムリの殻を作ります。顔とうずまきを描いて、できあがり。

プレゼントのつるし飾り

紙パックににじみ絵を貼り、立体的な飾りに。つるす以外にも、積み重ねて飾ってもすてきです。

材料 色画用紙・絵の具・水・紙パック・リボン・ひも・折り紙・のり・セロハンテープ

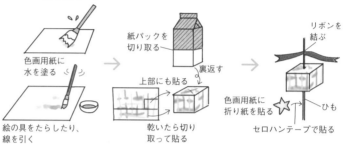

色画用紙に水を塗る

絵の具をたらしたり、線を引く

紙パックを切り取る

裏返す

上部にも貼る

乾いたら切り取って貼る

リボンを結ぶ

色画用紙に折り紙を貼る

セロハンテープで貼る

ひも

型紙 P.92

クリスマスリース

キッチンペーパーのにじみ絵を紙皿に貼ります。モールや丸シールで思い思いに飾りつけをしましょう。

材料 キッチンペーパー・水・絵の具・紙皿・色画用紙・モール・丸シール・リボン・のり

キッチンペーパーに霧吹きで水をかけ、スポイトで絵の具をたらす

切り込み

乾いたら切り取る

切り抜く

紙皿に貼る

モール

リボン

色画用紙のパーツを貼る

モールを巻く　丸シール

カップケーキ

キッチンペーパーのにじみ絵で作るふわふわカップケーキ。お店やさんごっこなど、遊びも広がります。

ケーキやさんみたい！

材料 キッチンペーパー・水性ペン・水・ティッシュペーパーまたはエアパッキン・カップ・色画用紙や丸シール・レースペーパー・セロハンテープ・のり

キッチンペーパーに水性ペンで絵を描く

霧吹きで水をかける

包んでセロハンテープでとめる

ティッシュペーパーやエアパッキンを丸める

のせる

カップ

色画用紙や丸シールで飾る

レースペーパー

低年齢児
向け

てるてる坊主

コーヒーフィルター×2〜3色のカラーペンでカラフルな
洋服を作り、てるてる坊主をおしゃれに変身させましょう。

材料 コーヒーフィルター・水性ペン・水・麻
ひも・カラーペン・色画用紙・丸シー
ル・セロハンテープ・のり

水性ペンで模様を描いて、
霧吹きで水を吹きかける

乾いたら
パーツを貼る

麻ひもにセ
ロハンテー
プで貼る

シャボン玉の窓飾り

**型紙
P.92**

キッチンペーパーに水性ペンで模様を描き、
霧吹きで水をかけて色をにじませます。「魔
法のお水をかけるよ」と言いながら、子ども
と一緒に水をシュッと吹きかけてみましょう。

材料
キッチンペー
パー・水性ペ
ン・水

乾いたら丸く切り抜く
(保育者)

2枚にはがれるので、
はがして使う

キッチンペーパーに水性ペンで模様を
描いて、霧吹きで水を吹きかける

窓をあけたときの
絵の変化にも注目!

にじみ絵

29

技法 04 マーブリング

水面にできた模様を写し取るマーブリング。色が混ざり合ってできる幻想的な模様が、子どもたちの想像力や創作意欲をかきたてます。好きな色を組み合わせて、世界に一つの模様作りを楽しみましょう。

基本の準備物 マーブリングの染液・フロート紙・紙（和紙・半紙・色画用紙など）・水を張った容器・竹串など・新聞紙

基本のおこない方

1 水を張った容器にフロート紙を浮かべ、その上に染液を静かにたらす。

2 竹串などでゆっくり混ぜる。

3 紙をそっと水面に浮かべる。

4 紙をゆっくり引きあげる。新聞紙にはさむなどして水気を切ったあと、よく乾かす。

実践動画もCheck!

マーブリングの実践＆ポイント動画はこちら
https://youtu.be/jgc6R492e5c

POINT1
●模様を写す紙は、和紙や半紙など表面がザラザラしていて吸水性の高いものが向いています。紙を水面に浮かべるときは、紙と水面の間に空気が入らないようにゆっくりおろします。

POINT2
●フロート紙を使うと染液が沈みにくく、水面によく広がります（ない場合は、画用紙の両面をロウソクで塗り、直径1cmほどの丸型に切るとよい）。

POINT3
●マーブリング染液を水面にたらしたら、竹串などでゆっくり混ぜて模様をつくります。混ぜすぎると水面が濁って模様が見えなくなってしまいます。

POINT4
●染めるものによって、使用する容器は深めのものを準備します。

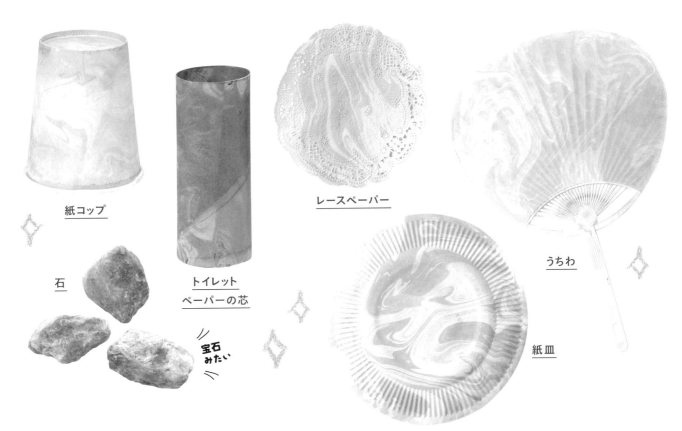

紙コップ

石

トイレット
ペーパーの芯

宝石
みたい

レースペーパー

うちわ

紙皿

いろいろな素材にマーブリング

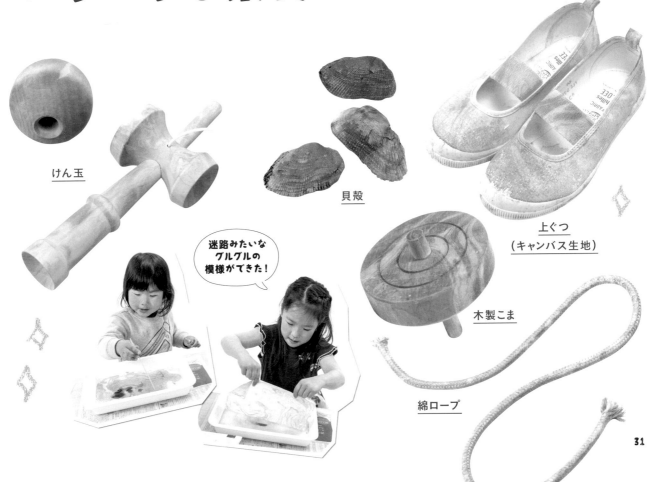

けん玉

貝殻

上ぐつ
（キャンバス生地）

迷路みたいな
グルグルの
模様ができた！

木製こま

綿ロープ

31

製作アイデア

材料 マーブリング染液・フロート紙・紙皿・色画用紙・のり

山折り

紙皿(裏面)にマーブリングする

色画用紙で
パーツを
作って貼る

**型紙
P.93**

3歳児〜
織姫・彦星

マーブリングした紙皿を生かして、七夕の織姫・彦星を作りましょう。同じ色を使っても、一つ一つ違う模様ができて、子どもの個性が光ります。

5歳児〜
惑星の額縁風飾り

宇宙や星に興味をもつ子どもたちにおすすめの、惑星をモチーフにした飾りです。黒い色画用紙の上にマーブリングした紙を貼ることで、マーブル模様が引き立ちます。

材料 マーブリング染液・フロート紙・和紙・色画用紙・折り紙(金)・厚紙・丸シール・麻ひも・カラー段ボール・木工用接着剤・のり

マーブリングした
和紙を切り抜く

貼る

色画用紙

麻ひも

折り紙を
厚紙に貼る

黒の色画用紙を
厚紙に貼り、まわりにカラー段
ボールを木工用
接着剤で貼る

丸シール

貼る

色画用紙

5歳児〜
壁かけアサガオ

**型紙
P.93**

割りばしを組んでモールで固定し、マーブリングアサガオを飾りつけ。保育室がパッと明るくなります。

材料 マーブリング染液・フロート紙・色画用紙・割りばし・アクリル絵の具・モール・たこ糸・のり・セロハンテープ

色画用紙を
貼る

マーブリングして
丸く切った紙

セロハン
テープで
貼る

たこ糸を
結ぶ

アクリル絵の具で
割りばしを塗る

巻きぐせをつけたモールを
セロハンテープで貼る

割りばしを組み、
モールで固定する

材料 マーブリング染液・フロート紙・紙皿・色画用紙・カラービニパック・段ボール・丸シール・カラーペン・セロハンテープ・のり

紙皿(裏面)にマーブリングする

描く

色画用紙で作ったパーツをのりで貼る

乾いたら折る

丸シールを貼る

カラービニパックで包んでセロハンテープでとめる

丸く切った段ボール

マーブリングフィッシュ

マーブリングした紙皿を二つ折りして魚を作り、海をイメージした青いプレートの上に飾ります。プレートに魚が反射して映り込む様子にも注目です。

表面がピカピカのプレートに魚が映り込みます

---

③歳児〜

洗濯物の壁面飾り

型紙 P.93

大きなお日さまの下には、マーブル模様の洗濯物がたくさん。梅雨の時季にも、カラッと気持ちまで晴れそうな壁面飾りです。

材料 マーブリング染液・フロート紙・色画用紙・たこ糸・のり

色画用紙で好きなマークを作って貼る

マーブリングした紙を切る

たこ糸

色画用紙を貼る

３歳児〜
ネームキーホルダー

クッキー型で抜いた紙粘土に、マーブリングで模様づけ。キーホルダー用の金具をつけて、かばんなどにつけられるようにしました。

材料
マーブリング染液・フロート紙・紙粘土・クッキー型・モール・キーホルダー用の金具・カラーペン

穴をあける
紙粘土をクッキー型で抜く

マーブリングする

モールをキーホルダー用の金具に通し、ねじってとめる

名前を書く　モール

> プレゼントにもおすすめ！

３歳児〜
キャンディやさんの壁面飾り

型紙 P.93

おいしそうなマーブル模様のキャンディがずらりと並ぶ壁面飾り。飾り終わったあとは、キャンディに割りばしをつけて、お店やさんごっこなどに利用するのもおすすめです。

材料
マーブリング染液・フロート紙・和紙・厚紙・色画用紙・カラーペン・のり

マーブリングした和紙を、厚紙に貼る

切り抜く

ペンで模様を描く

色画用紙を貼る　厚紙

> 🍓 いちご　🍇 ぶどう　🥤 そーだ
> 🍊 みかん　🍋 れもん　🍎 りんご

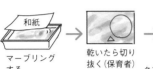

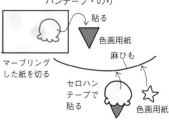

低年齢児 向け

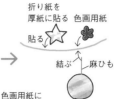

マーブリング

型紙 P.94

風船ガーランド

マーブリングした紙を風船の形に切り、名前をつけて飾ります。縦につないでも◎。風が吹くと、本物の風船のようにゆらゆら揺れます。

材料

マーブリング染液・フロート紙・和紙・色画用紙・折り紙（金）・厚紙・麻ひも・カラーペン・セロハンテープ・のり

和紙

マーブリングする

乾いたら切り抜く（保育者）

折り紙を厚紙に貼る　色画用紙

貼る

結ぶ　麻ひも

色画用紙に名前を書いて貼る

マーブリングうちわ

型紙 P.94

うちわそのものをマーブリングします。うちわの表面はツルツルしていて模様が流れやすいので、水からあげたら平らな場所に置いてよく乾かします。花畑や海をイメージして製作を楽しみましょう。

材料

マーブリング染液・フロート紙・うちわ・色画用紙・丸シール・のり・カラーペン

深めの容器に染液をたらして、うちわにマーブリングする

乾いたら、のりでパーツを貼る

丸シール

ペンで描く

色画用紙

アイスクリームガーランド

イチゴにバナナ、ミカンやメロンにミントまで!? 味を想像するのが楽しくなるガーランドです。

材料

マーブリング染液・フロート紙・麻ひも・色画用紙・セロハンテープ・のり

マーブリングした紙を切る

貼る

色画用紙

麻ひも

セロハンテープで貼る

色画用紙

型紙 P.94

技法 05 ちぎり絵

ちぎった紙を台紙に貼って表現するちぎり絵。はさみを使わずにでき、
低年齢児クラスの造形活動にもおすすめの技法です。
指先を使って細かい作業をするため、集中力を養うことにもつながります。

基本の準備物 台紙・ちぎる紙（折り紙・和紙・千代紙・色画用紙・新聞紙など）・のり

基本のおこない方

❶ 折り紙などをちぎる。

❷ 台紙にのりを塗り、ちぎった紙を貼っていく。

実践動画もCheck!

ちぎり絵の実践＆ポイント動画はこちら
https://youtu.be/rhZAMggVWxI

POINT 1
●ちぎる紙は、種類の違うものを準備して、紙の質感の違いを感じられるようにしましょう。

POINT 2
●紙をちぎるときは、あまり小さくならないように、保育者が大きさの見本を示すとよいでしょう。紙が小さすぎると、貼る作業に時間がかかってしまいます。

POINT 3
●紙が重なっているところははがれやすいため、すべて貼り終わったら、上から少量ののりを塗って押さえるとよいでしょう。

POINT 4
●紙には繊維があり、ちぎりやすい（長くちぎれる）方向と、ちぎりにくい（短くちぎれる）方向があります。4～5歳児は、それに気づけるように言葉かけをしましょう。

ちぎり絵の楽しみ方いろいろ

はさみを使わず、紙をちぎって自由に表現できるちぎり絵。
いろいろな楽しみ方を紹介します。

下絵なしと下絵ありで

下絵なし

下絵なしの台紙に紙を貼って形を作ります。保育者があらかじめ一部分（茎と葉など）だけ紙を貼っておき、そこに子どもたちが貼り足していくなど、発達に応じて楽しめるといいですね。

下絵あり

下絵を描いた台紙に紙を貼ります。同じ絵でも、使う色の数や貼り方で個性が出ます。絵の細かい部分に紙を貼ることで、集中力も高まります。

ちぎった紙で見立てを楽しむ！

＼＼いろいろな形に顔を描いて／／
おばけ

＼＼四角や三角の形を組み合わせて／／
魚

＼＼細長い形をたくさん集めて／／
雨

紙の質感の違いも楽しもう！

折り紙

和紙

折り紙・和紙・新聞紙などいろいろな種類の紙を準備して、破るときの感触の違いを楽しみましょう。和紙は、手でちぎることで毛羽立ちができます。ほかの紙との違いを子どもたちが発見できるといいですね。

製作アイデア

明るい場所に飾ると、光が透けてきれい！

4歳児～
秋の実りのつるし飾り

型紙 P.94

トレーシングペーパーに、はなおりがみを貼って作る半透明のつるし飾り。はなおりがみはぎっしり貼らず、トレーシングペーパーが見えるようにするのがポイントです。

材料 色画用紙・トレーシングペーパー・セロハンテープ・はなおりがみ・のり・麻ひも

色画用紙を2枚重ねて折る

切る（2枚できる）

トレーシングペーパーをセロハンテープで貼る

ちぎったはなおりがみを貼る

もう1枚のパーツを上からのりで貼る

はなおりがみで作った花

麻ひも

色画用紙

パーツをセロハンテープで貼る

水玉

クルッ

5歳児～
着せ替え人形

クルッと回すだけで3パターンの着せ替えが楽しめます。いろいろな形にちぎった和紙で、水玉やボーダーなど模様作りにも挑戦してみましょう。

ボーダー

チェック

クルッ

クルッ

材料 紙コップ・色画用紙・のり・和紙・カラーペン

ペンで描く

紙コップを切り取る

色画用紙で顔や手などのパーツを作ってのりで貼る

別の紙コップを3つに区切り、ちぎった和紙を貼る

かぶせる

3歳児〜

きのこの飾り

紙皿にちぎった折り紙を貼って、立体製作を楽しみましょう。カラフルなきのこをみんなでたくさん作って、きのこ狩り遊びをするのもおすすめです。

材料 紙皿・セロハンテープ・折り紙・のり・カラーペン・丸シール・トイレットペーパーの芯・色画用紙・段ボール・フェルト・木工用接着剤

紙皿に切り込みを入れ、少し重ねてセロハンテープで貼る

ちぎった折り紙を貼る

トイレットペーパーの芯に色画用紙を貼る

丸シール

ペンで描く

段ボールにフェルトを木工用接着剤で貼る

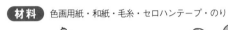 **3歳児〜**

手袋やさんの壁面飾り　型紙 P.95

ヒツジのお店やさんに並ぶのは、和紙のちぎり絵手袋。ちぎった和紙を貼った色画用紙を子どもたち一人ひとりの手に合わせて切り取り、並べて貼ってもいいですね。

材料 色画用紙・和紙・毛糸・セロハンテープ・のり

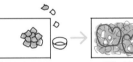

色画用紙に和紙を貼る

手袋の形に切り取る

裏に毛糸を貼る

色画用紙を貼る

型紙
P.95

5歳児～

羽子板の
つるし飾り

華やかなちぎり絵羽子板で
保育室を飾りましょう。千
代紙や和紙を使うと、和の
雰囲気が出ます。

材料

厚紙・千代紙・和紙・色画用紙・
カラー段ボール・ひも・マスキン
グテープ・セロハンテープ・のり

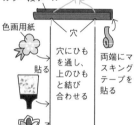

【羽根】
和紙
色画用紙
に貼って
切り取る

【羽子板】
千代紙を
貼る
厚紙

カラー段ボール
色画用紙
貼る

結ぶ

穴
穴にひも
を通し、
上のひも
と結び
合わせる

両端にマス
キング
テープを
貼る

3歳児～

ちぎり絵ししまい

正月の縁起物、ししまいをちぎり絵で
表現。年齢が上のクラスでは、顔をち
ぎり絵で作るのもおすすめです。

材料　紙皿・折り紙・色画用紙・カラー
ペン・のり

紙皿を半分に折り、
折り紙を貼る

白い折り紙を貼って
模様を作る

描く

色画用紙で
パーツを
作って
貼り合わせる

貼る

材料　紙コップ・折り紙・丸シール・紙皿(か
ためのもの)・木工用接着剤・ボタン・
セロハンテープ・のり

丸シール

紙コップに折り紙を貼る

表

紙皿に折り紙を貼る

木工用接着剤で
貼り合わせる

ボタンをセロハンテープで貼る

紙皿の裏に
ボタンを
貼ります

4歳児～

ちぎり絵こま

紙皿と紙コップにちぎり絵でデコレーション。持ち手が紙
コップなので子どもも持ちやすく、回しやすいこまです。

低年齢児
向け

フクロウの つるし飾り

型紙 P.95

おなかだけではなく、羽もちぎった折り紙でカラフルに飾ります。1羽ずつカラー段ボールと麻ひももをつけて、つるし飾りに。ブランコ遊びを楽しんでいるように見えて、かわいさ倍増です。

材料
色画用紙・折り紙・のり・カラーペン・丸シール・麻ひも・カラー段ボール・セロハンテープ

色画用紙にちぎった折り紙を貼る

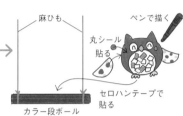

麻ひも
ペンで描く
丸シール貼る
カラー段ボール
セロハンテープで貼る

材料 色画用紙・折り紙・のり・丸シール・カラーペン・セロハンテープ

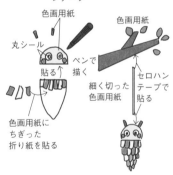

色画用紙
丸シール
貼る
ペンで描く
色画用紙にちぎった折り紙を貼る

色画用紙
細く切った色画用紙
セロハンテープで貼る

窓をあけたときにもバランスがよくなるように貼るのがポイント

ミノムシの窓飾り

落ち葉に身を包んだミノムシは、秋〜冬の風物詩。「ミノムシさんが寒くないように、お布団をかけてあげようね」と言葉かけをしながら製作を楽しみましょう。

技法06 染め紙

絵の具に折りたたんだ和紙を浸して色をつける染め紙。絵の具に浸す位置や加減によって、様々な模様ができるのも魅力。色がじわっと染み込みながら混ざり合うドキドキや、紙を広げるときのわくわくを存分に味わいましょう。

基本の準備物 和紙（障子紙や半紙）・絵の具・水・新聞紙

基本のおこない方

和紙を三角や四角に折りたたむ。

多めの水で溶いた絵の具に①を浸す。

ゆっくり広げて乾かす。

POINT1
●絵の具は多めの水で溶いておきます。事前に保育者が試して、濃度を調整しましょう。和紙を浸しやすいように、浅めの容器を使うとよいでしょう。

POINT2
●和紙の内側まで絵の具が染み込みにくいときは、和紙に絵の具をつけたあと、指でぎゅっとつまむと、中まで絵の具が染み込みます。

POINT3
●絵の具をつけたあとは紙が破れやすいので、ゆっくり開きましょう。新聞紙の上に置いて水気を切ったあと、干して乾かします。

POINT4
●白い部分を残したり、色同士が混ざるように絵の具をたっぷり染み込ませたりと、いろいろ試してみましょう。

実践動画もCheck!

染め紙の実践＆ポイント動画はこちら
https://youtu.be/nD8BFjlF4i4

染め方いろいろ

和紙の折り方や絵の具のつけ方によって、まったく異なる模様ができるのが染め紙のおもしろいところ。
いろいろな折り方や絵の具のつけ方を試してみましょう。

下の写真は、じゃばらに三つ折り
または四つ折りした紙を、三角形
または四角形になるよう、さらに
じゃばら折りしています。

三角形に折った和紙で

3つの角に
絵の具を
つけると……

3つの辺に
絵の具を
つけると……

上の角と、
下の辺に
絵の具を
つけると……

四角形に折った和紙で

4つの角に
絵の具を
つけると……

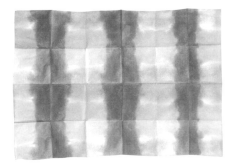

4つの辺に
絵の具を
つけると……

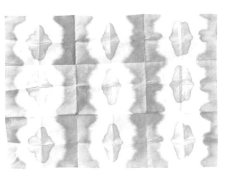

細く折って、
上の角と下の辺に
絵の具を
つけると……

製作アイデア

どんな模様に
なったかな……

赤い絵の具も
ちょっとだけ
つけてみよう!

型紙
P.96

③歳児〜

落ち葉の壁面飾り

じんわりと絵の具が混ざり合った染め紙は、色とりどり
に紅葉した秋の木々を表現するのにぴったりです。

材料 和紙・絵の具・丸シール・色画用紙・カラーペン

和紙を四角や
三角に折って、
染め紙をする

広げて乾かす

切り抜いて
ペンで顔を
描く

丸シールや
色画用紙を貼る

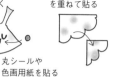

木（葉）の形に
切り抜いた染め紙
を重ねて貼る

染め紙ブーケ

〈4歳児〜〉

はなおりがみで花を作るときと同じ要領で、染め紙を数枚重ね、じゃばらに折ってから広げます。おうちの人への贈り物にも。

材料 和紙・絵の具・モール・不織布・輪ゴム・リボン

染め紙を切る　→　4枚重ねてじゃばら折りしてモールでとめる

モールをねじる

3本ほど束にして不織布で包み、輪ゴムでしばり、リボンを巻く

秋のつるし飾り

〈4歳児〜〉　**型紙 P.96**

染め紙を丸く切り、3枚貼り合わせます。見る角度によっていろいろな模様が楽しめます。

材料 和紙・絵の具・色画用紙・ひも・丸シール・セロハンテープ・のり

切り取る
谷折り

染め紙を色画用紙に貼る

ひも

ひもをはさんで3枚貼り合わせる

色画用紙をセロハンテープで貼る

丸シール

お散歩バッグ

〈5歳児〜〉

秋の宝物をたくさん入れよう！

染め紙を使った手作りバッグを持って、お散歩に出発！　ドングリや落ち葉を入れるのにぴったりです。

材料 和紙・絵の具・ティッシュペーパーの箱・色画用紙・工作紙・ひも・マスキングテープ・のり

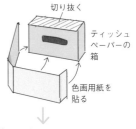

切り抜く

ティッシュペーパーの箱

色画用紙を貼る

染め紙を工作紙に貼り、ふたの形に切る

色画用紙を貼る　　貼る

マスキングテープで飾る

穴

ひもを穴に通し、中で結んでとめる

技法07 ソルトペイント

木工用接着剤の上に塩を振りかけ、そこに絵の具で色をつけるソルトペイント。
塩に絵の具が染み込み、じんわり広がっていく様子は、
子どもたちにとって不思議さいっぱいです。

基本の準備物 色画用紙・鉛筆・木工用接着材・塩・絵の具・筆・新聞紙

基本のおこない方

① 色画用紙に、鉛筆で下絵を描く。

② 木工用接着剤で①の下絵をなぞる。

③ 木工用接着剤の上に、まんべんなくたっぷり塩を振りかける。

④ 余分な塩を落とし、半日～1日程度乾かす。

⑤ 絵の具を多めの水で溶き、筆先で塩の絵にポンポンとのせていく。

POINT1
●使用する色画用紙は、ハガキ大～B5サイズくらいがおすすめです。紙皿や紙パックでもできます。

POINT2
●木工用接着剤を容器から直接出してなぞるのがむずかしい場合は、紙皿に木工用接着剤を出し、綿棒につけてなぞってもOK（でんぷんのりでも代用可）。

POINT3
●塩を振りかけたあとは、半日～1日程度置いて乾かします。絵の具で色をつけたあともよく乾かしましょう。

POINT4
●絵の具が濃いとにじみにくいため、たっぷりの水で溶いておきます。絵の具が塩の上を伝って広がっていく様子や、隣の色と混ざり合う様子に気づけるように、じっくり時間をかけておこないましょう。

実践動画もCheck!
ソルトペイントの実践＆ポイント動画はこちら
https://youtu.be/HuH3DKRhbZI

46

製作アイデア

かき氷
みたい!

3歳児〜
もこもこ手袋

ソルトペイント特有のもこもことした質感を
生かして作る手袋は、とっても暖かそう!

材料 色画用紙・鉛筆・木工用接着剤・
塩・絵の具・毛糸・セロハンテープ

色画用紙に鉛筆で
下描きし、木工用
接着剤でなぞる

塩を振りかけ、
余分な塩を落と
して乾かす

乾いたら、
絵の具で色
をつける

裏に毛糸を貼って
2枚つなげる

3歳児〜
風船気球の壁面飾り

型紙 P.96

花や星、ギザギザやグルグルなど、様々な模様の風船気
球で保育室をにぎやかに飾りましょう。

材料 色画用紙・木工用接着剤・塩・絵の具・麻ひも・
セロハンテープ

色画用紙に木工
用接着剤で模様
を描く

塩を振りかける。余分な
塩を落として乾かし、絵
の具で色をつける

貼る

色画用紙

麻ひも

3歳児～
小鳥のガーランド
型紙
P.97

小鳥の羽をソルトペイントで作ります。ぷっくりとした質感が際立ちます。

材料　色画用紙・木工用接着剤・塩・絵の具・麻ひも・マスキングテープ・のり

色画用紙に木工用接着剤で模様を描く

塩を振りかける。余分な塩を落として乾かし、絵の具で色をつける

麻ひもにマスキングテープで貼る
貼る
色画用紙

4歳児～
壁かけ自画像

自画像も、クレヨンや絵の具で描くのとはひと味違った表現が楽しめます。

紙皿にも直接ソルトペイントが可能！

材料
厚めの紙皿・木工用接着剤・塩・絵の具・リボン・クレヨン・両面テープ

紙皿に木工用接着剤で自画像を描き、塩を振りかける。余分な塩を落として乾かし、絵の具で色をつける
クレヨンで模様を描く

穴をあけてリボンを通す
リボンを両面テープで貼る

4歳児～
花飾り

紙パックをつなげた土台の上に、ソルトペイントで作った花を飾って鉢植え風に。卒園式や入園式の花道の飾りにもおすすめです。

材料　カラー工作紙・色画用紙・木工用接着剤・塩・絵の具・はなおりがみ・紙パック・のり・両面テープ

木工用接着剤で絵を描き、塩を振る

折りたたむ
はなおりがみの花
余分な塩を落として乾かし、絵の具で色をつける
貼る

カラー工作紙に色画用紙を貼り、三角に折って貼る
貼る
色画用紙
紙パックを3つつなげ、色画用紙を貼る

使用する素材を
同じ形や長さに切るコツ

子どもたちが思い切り製作を楽しめるように、素材は多めに準備しておきたいもの。
使う素材を同じ形や長さに効率よく切るコツをお伝えします。

はさみで
重ね切りするときのコツ

紙を重ね切りするときは、紙がずれてきれいに切れないことがあります。そんなときは、まわりをホチキスでとめてから切るのが◎。紙はたくさん重ねすぎるとうまく切れないため、3枚くらいまでに。

カッターで
重ね切りするときのコツ

直線に切るときや、かたいものを切るときは、はさみよりもカッターのほうが便利。重ね切りするときは、一度で切ろうとせず、同じ場所を何度もなぞるように切るときれいに切れます。

刃の切れ味も
重要！
（下段参照）

はさみやカッターを上手に使うコツ

はさみで色画用紙などを切るときは、はさみを持つ手ではなく、紙のほうを動かしながら切るとうまくいきます。子どもたちに指導するときも、そのように伝えるとよいでしょう。

カッターの切れ味が悪いと、きれいな仕上がりになりません。ときどき刃を折って新しくしましょう。カッターの端についている部品を使って折り取ります。

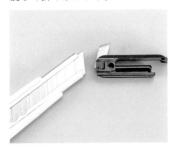

パーツをはさみで切り取るときは、最初から線に沿って切るのではなく、まずはざっくりとひとまわり大きめに切り取ってから、形に沿って切るようにします。

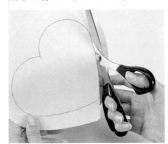

49

転がし絵

絵の具をつけたビー玉を紙の上で転がして模様を描くコロコロアート。
ビー玉を転がすという遊びの要素も含まれているため、
低年齢児も興味をもって楽しめます。

基本の準備物 色画用紙・絵の具・ビー玉・箱状のもの

基本のおこない方

1 ビー玉に絵の具をつける。色画用紙は、箱状のものの中にセットする。

2 ビー玉を取り出し、色画用紙の上にのせて転がす。

コロ　コロ

実践動画もCheck!

転がし絵の実践&ポイント動画はこちら
https://youtu.be/
I0wEUMXFQAg

POINT 1

●ビー玉を複数使っておこなうと、ビー玉が追いかけっこするように動きながら模様ができる様子を楽しめます。

POINT 2

●低年齢児クラスでは、必ず保育者がそばについておこないます。「コロコロ」と、ビー玉の動きを表現しながら楽しみましょう。

POINT 3

●ビー玉以外にも、ゴムボール・ドングリ・丸めた粘土など、様々な素材を使って楽しみましょう。素材の大きさや重さによって線の太さが変わります。

POINT 4

●浅い箱だとビー玉が飛び出してしまうことがあります。存分に楽しめるように、ある程度深さのある箱を用意できるといいでしょう。

製作アイデア

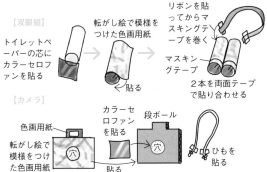

4歳児～
フォトフレーム

ファミリーデーの贈り物におすすめのフォトフレーム。「ありがとう」や「だいすき」のメッセージを添えて贈りましょう。

材料 色画用紙・絵の具・ビー玉・箱・丸シール・写真・段ボール・麻ひも・カラーペン・セロハンテープ・のり

転がし絵で模様をつけた色画用紙

三つ編みにした麻ひもを貼る

丸シール

段ボール

貼る

貼る

写真を色画用紙に貼る

色画用紙にメッセージを書いて貼る

5歳児～
探検グッズ

カメラや双眼鏡を持って、園内や園庭の探検に出発！ きっと、いつもとは違う発見があるはず。

材料 色画用紙・絵の具・ビー玉・箱・トイレットペーパーの芯・カラーセロファン・マスキングテープ・リボン・段ボール・ひも・セロハンテープ・両面テープ・のり

【双眼鏡】

トイレットペーパーの芯にカラーセロファンを貼る

転がし絵で模様をつけた色画用紙

貼る

リボンを貼ってからマスキングテープを巻く

マスキングテープ

2本を両面テープで貼り合わせる

【カメラ】

色画用紙

転がし絵で模様をつけた色画用紙

カラーセロファンを貼る

段ボール

穴

貼る

穴

ひもを貼る

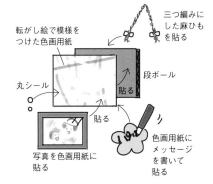

レンズの部分にカラーセロファンを貼って、色の世界を楽しもう！

パシャ！

3歳児〜

ゆらゆらそらまめ

模様をつけた紙皿に切り込みを入れてそらまめ
を差し込めば、ゆらゆらベッドのできあがり。

材料 紙皿・絵の具・ビー玉・色画用紙・丸シー
ル・カラーペン・セロハンテープ

紙皿に転がし絵で
模様をつける

差し込んで
セロハン
テープで貼る

色画用紙

→

描く

丸シール

切り込みを入れて(保育
者)、二つ折りにする

紙皿に転がし絵をして、
そのまま製作に活用!

3歳児〜

アオムシの壁面飾り

アオムシの体は、転がし絵で模様をつけた色画用
紙を4枚貼り合わせます。貼り方によって、いろ
いろな動きのアオムシができるのも楽しい!

**型紙
P.97**

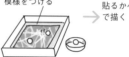

材料 色画用紙・絵の具・ビー玉・箱・丸シール・カラー
ペン・のり

色画用紙に転がし絵で
模様をつける

→

丸シールを
貼るかペン
で描く

切り抜いて
貼り合わせる

色画用紙

さくらんぼの ガーランド

だっこで過ごす子どもの目線の先に、かわいいさくらんぼのガーランドを飾りましょう。

材料

色画用紙・絵の具・ビー玉・箱・丸シール・麻ひも・マスキングテープ・セロハンテープ

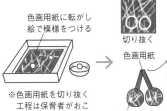

色画用紙に転がし絵で模様をつける

※色画用紙を切り抜く工程は保育者がおこないます

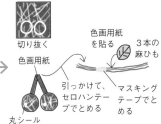

切り抜く

色画用紙

丸シール

色画用紙を貼る

3本の麻ひも

引っかけて、セロハンテープでとめる

マスキングテープでとめる

材料 色画用紙・絵の具・ビー玉・箱・丸シール・カラーペン・のり

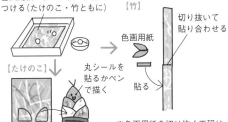

色画用紙に転がし絵で模様をつける（たけのこ・竹ともに）

【たけのこ】

丸シールを貼るかペンで描く

切り抜いて貼り合わせる

【竹】

色画用紙

切り抜いて貼り合わせる

貼る

※色画用紙を切り抜く工程は保育者がおこないます

たけのこの窓飾り

子どもたちを笑顔で迎えるたけのこの窓飾り。竹も、転がし絵で模様をつけます。

型紙 P.97

窓を開けると1枚の絵になる！

技法 09 はじき絵

パスやクレヨンに含まれる油が絵の具をはじく性質を利用した技法。
パス（クレヨン）で描いた部分には絵の具がのらず、絵や線が浮かびあがる様子は、
不思議さいっぱいです。

基本の準備物 色画用紙・パス（またはクレヨン）・絵の具・筆・新聞紙

基本のおこない方

色画用紙にパスまたはクレヨンで絵や模様を描く。

絵の具を塗る。

実践動画もCheck!

はじき絵の実践＆ポイント動画はこちら
https://youtu.be/Jh3Cqpk_Ih0

POINT1
●絵の具は、多めの水で溶いておきます。水が少なく絵の具が濃いと、よくはじかないことがあります。

POINT2
●線や模様は、パス（クレヨン）でしっかり強めに描いておくと、上から絵の具を塗ったときにきれいに浮かびあがります。

POINT3
●白い紙に、白のパス（クレヨン）で絵を描いてから絵の具を塗ると、絵が突然浮き出てきます。保育者が実践して見せると、はじき絵の不思議さがより増します。

POINT4
●ロウソクにも水（絵の具）をはじく性質があるため、パス（クレヨン）の代わりに使ってみるのもおすすめです。折れにくい太めのものを準備します。

製作アイデア

4歳児〜

お月見飾り

紙皿を使った真ん丸お月さまと、カラフルで個性豊かなはじき絵のお団子で、お月見気分を味わいましょう。

型紙 P.97

材料 色画用紙・パス（クレヨン）・絵の具・のり・紙皿・麻ひも・クレープ紙

【月】

紙皿に穴をあけ、麻ひもを通して結ぶ

紙皿ではじき絵をする

貼る

色画用紙にクレープ紙を貼り、雲の形に切る

【団子】

色画用紙

はじき絵をしてから、丸く切り抜く

積みあげるように貼る

色画用紙

紙皿は、表面にツルツルとした加工がされていないものを使用

5歳児〜

サンバイザー

手作りサンバイザーは、お店やさんごっこのアイテムとしても大活躍。自分だけのサンバイザーを身につけて、なりきり度アップ！

材料 色画用紙・パス（クレヨン）・絵の具・輪ゴム・マスキングテープ・のり

色画用紙をつばの形に切る

はじき絵をする

切り込みを入れて、谷折りする

色画用紙と輪ゴムでバンドを作る

内側に貼る

ホチキスでとめ、マスキングテープを貼って保護する

気分はアイスクリームやさん！

3歳児〜

お花の飾り

敬老の日のプレゼントなどにもおすすめの飾り。おじいちゃん・おばあちゃんも、きっと喜んでくれるはず。

材料 色画用紙・パス（クレヨン）・絵の具・ストロー・のり・プラカップ・はなおりがみ・リボン・マスキングテープ

色画用紙
はじき絵をしてから2枚重ねて、切る

色画用紙
ストローをはさんで貼り合わせる

プラカップに花を入れ、はなおりがみを詰める
リボンとマスキングテープで飾る

3歳児〜

カラフル電車の壁面飾り

コスモス畑を走るカラフル電車。「こんな色や模様の電車があったらいいな」と、想像しながら製作を楽しめたらいいですね。みんなそろって、出発進行！

型紙 P.98

材料 色画用紙・パス（クレヨン）・絵の具・のり・半紙

色画用紙
はじき絵をする

自画像を描いて貼る

色画用紙を貼る

雲は、色画用紙に丸めてシワをつけた半紙を貼ってから切る

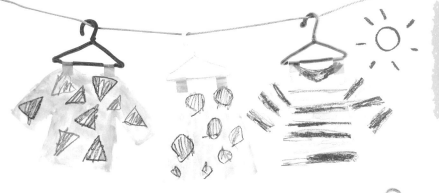

お気に入りの洋服

好きな絵や柄を描いて、いろいろな色で塗って、お気に入りの1着を作りましょう。モールで作ったハンガーにつけて飾ります。

材料 色画用紙・パス（クレヨン）・絵の具・モール・マスキングテープ

色画用紙にはじき絵をする

モールをハンガーの形にする

マスキングテープで貼る

食べ物いろいろ

色画用紙や紙皿にぐるぐる線を描き、絵の具を塗ります。具材に見立てた色画用紙や丸シールを貼れば、ごちそうのできあがり。レストランごっこも楽しめそう。

材料 色画用紙・パス（クレヨン）・絵の具・丸シール・紙皿・のり・プラスチックコップ・はなおりがみ・ストロー

【焼きそば】
紙皿にはじき絵をする
色画用紙を貼る

【ラーメン】【ナポリタン】
色画用紙にはじき絵をする
色画用紙や丸シールを貼る

【ジュース】
はなおりがみを詰めて、ストローをさす
プラスチックコップ
丸シール
色画用紙にはじき絵をする

色画用紙を貼る
描く

焼きそば

ラーメン

ジュース

ナポリタン

技法 10 ステンシル

色画用紙の上に様々な形に切り抜いた型を置き、絵の具をつけたスポンジでポンポンたたいて色をつけます。型をはずす瞬間も楽しく、味わいのある色合いを表現することができます。

基本の準備物 色画用紙・絵の具・スポンジ（またはタンポ）・型（厚紙などを切り抜く）・マスキングテープ・新聞紙

基本のおこない方

1 型を色画用紙にセットする（ズレないように、マスキングテープなどでとめてもよい）。

2 スポンジに絵の具をつけ、上からポンポンとたたくようにして色をつける。

実践動画もCheck!

ステンシルの実践＆ポイント動画はこちら
https://youtu.be/I2ENB_aBA8M

POINT 1

●絵の具は、原液のままか、少量の水で溶いておきます。平らなトレイなどを使うと、スポンジに絵の具をつけやすくおすすめです。

POINT 2

●型は、丸・三角・四角・星・花・ハート・リボン・ジグザグ・なみなみなど、いろいろな種類を複数準備しておき、子どもたちが自由に選べるようにできるとよいでしょう。

POINT 3

●4・5歳児クラスでは、型作りから楽しむのがおすすめです。また、絵の具をつけるときに、複数の色を重ねて、色の混ざり方を楽しむのもいいですね。

POINT 4

●低年齢児は、タンポ（割りばしで持ち手をつけたの）を使っておこなうなど、発達に合わせて楽しみましょう。

製作アイデア

ステンシル落ち葉のリース

秋の植物をステンシルで表現。本物のモミジやイチョウをじっくり観察しながら製作を楽しむのもよさそう。みんなのリースを飾れば、保育室の中でも紅葉が楽しめちゃう！

材料 色画用紙・絵の具・スポンジ・型・丸シール・段ボール・ひも・はなおりがみ・のり・両面テープ

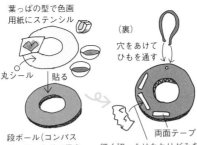

葉っぱの型で色画用紙にステンシル

丸シール

 貼る

（裏）

穴をあけてひもを通す

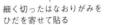

段ボール（コンパスカッターなどで保育者が切っておく）

両面テープ

細く切ったはなおりがみをひだを寄せて貼る

材料 色画用紙・絵の具・スポンジ・型・紙袋・カラーペン・ティッシュペーパーの箱・マスキングテープ・ひも・のり

【紙袋タイプ】 ハロウィンモチーフの型を使って、紙袋にステンシル

ペンで描く

マイバッグ

紙袋やティッシュペーパーの箱で、マイバッグ作りを楽しみましょう。ハロウィンのお菓子入れや散歩先で見つけたドングリ入れ、お店やさんごっこなどで活躍します。

【箱タイプ】

マスキングテープで軽く色画用紙に貼り、ステンシル

色画用紙を葉っぱの形に切り抜く

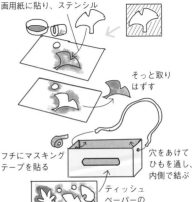

そっと取りはずす

フチにマスキングテープを貼る

穴をあけてひもを通し、内側で結ぶ

ティッシュペーパーの箱に貼る

\ trick or treat! /

ハロウィン飾り

型紙
P.99

ジャック・オー・ランタンの顔をステンシルで。ステンシルする位置や型の向きによって表情が変わります。モールをつけて、ゆらゆら揺れる飾りに仕上げます。

材料

色画用紙・絵の具・スポンジ・型・丸シール・モール・紙コップ・クレヨン・セロハンテープ

好きな型で色画用紙にステンシル

丸シール

モールを裏に貼る

紙コップの底に穴をあけ、モールをさし込んで内側でとめる

クレヨンで描く

きのこの丘の壁面飾り

型紙
P.98

好きな色の画用紙を選んだり、絵の具の色やステンシルの型を組み合わせたりしながら製作を楽しみましょう。製作の前に、絵本や図鑑でいろいろなきのこを見てイメージをふくらませるのも◎。

材料

色画用紙・絵の具・型・スポンジ・カラーペン・のり

好きな型で色画用紙にステンシル

貼る

色画用紙にペンで描く

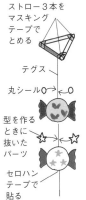

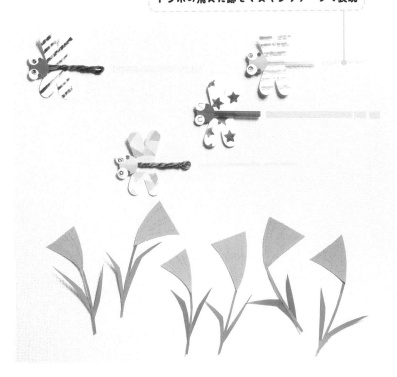

低年齢児 向け

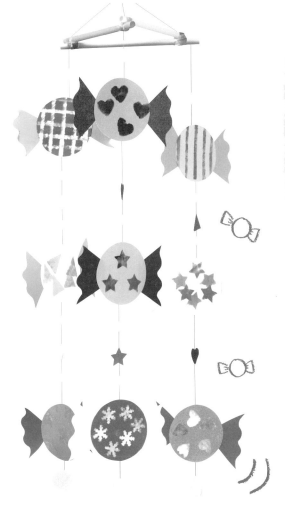

キャンディ モビール

ポップでキュートなキャンディ作りを楽しみましょう。色も模様も様々なキャンディがゆらゆら揺れて、子どもたちの目を楽しませてくれます。

材料 色画用紙・絵の具・スポンジ・型・太めのストロー・マスキングテープ・テグス・丸シール・のり・セロハンテープ

好きな型で色画用紙にステンシル

色画用紙

型紙 P.99

ストロー3本をマスキングテープでとめる

テグス

丸シール

型を作るときに抜いたパーツ

セロハンテープで貼る

トンボの飛んだ跡をマスキングテープで表現

スイスイトンボ

ステンシルで、トンボの羽に模様をつけます。トンボの体は、短く切ったストローまたは、ねじったモールを使います。

材料 色画用紙・絵の具・スポンジ・型・太めのストローまたはモール・マスキングテープ・丸シール・カラーペン・両面テープ

好きな型で色画用紙にステンシル

切り抜く

丸シールに描く

ストロー　マスキングテープ

貼る

両面テープで貼る

色画用紙

モールを2本ねじって二つ折りにする

型紙 P.99

スパッタリング

絵の具を塗った金網を歯ブラシでこすり、絵の具のしぶきを飛ばすスパッタリング。
星空や雪を表現するのに適した技法です。

基本の準備物 絵の具・金網（目の細かいものがよい）・歯ブラシ（かためのもの）・色画用紙・筆・新聞紙

基本のおこない方

金網に筆で絵の具を塗る。　　　　　　歯ブラシでこすって絵の具のしぶきを飛ばす。

実践動画もCheck!

スパッタリングの実践
&ポイント動画はこちら
https://youtu.be/
fbXlb68dO3k

POINT 1

●スパッタリングは、少しずつ色を重ねていく技法です。紙に色がつくまでに時間がかかるため、じっくり取り組みましょう。

POINT 2

●金網に絵の具をたくさんつけると、目が詰まってしまいます。色画用紙にうまく色がつかない場合は、一度絵の具をふき取ってからおこなってみましょう。

POINT 3

●金網を手で持った状態でおこなうのがむずかしい場合は、ザルを使い、置いてしっかり押さえながら歯ブラシでこする方法でおこなってみましょう。

POINT 4

●ザルや茶こし、天かすすくいなどを持ち、網の外側を歯ブラシでこすって絵の具を飛ばす方法も。子どもたちの様子に合わせてやり方を選べるといいですね。

製作アイデア

星形に切ること
にもトライして
みましょう

4歳児〜

星のガーランド

色画用紙と折り紙を貼り合わせて星形に切り、スパッタリングをしてキラキラ感をプラス。折り紙の色選びや、絵の具の色との組み合わせを楽しみながら取り組めるといいですね。

材料 色画用紙・キラキラ折り紙・絵の具・金網・歯ブラシ・麻ひも・セロハンテープ・のり

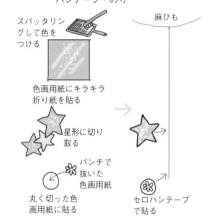

スパッタリングして色をつける

色画用紙にキラキラ折り紙を貼る

星形に切り取る

パンチで抜いた色画用紙

丸く切った色画用紙に貼る

麻ひも

セロハンテープで貼る

材料 紙コップ・紙粘土・絵の具・金網・歯ブラシ・丸シール(大・小)・紙皿やレースペーパー

紙コップに紙粘土をつける

紙粘土に絵の具を塗る

紙粘土が乾いたら丸シール(大)を貼り、スパッタリングしてからはがす

丸シール(小)で飾る

紙皿やレースペーパーの上に置いて飾る

紙コップのまわりに紙粘土をつけて土台にします

5歳児〜

クリスマスケーキ

ケーキやさんになった気分でケーキ作りを楽しみましょう。紙粘土でケーキの形を作り、スパッタリングで色づけして飾ります。

3歳児〜
手作りカード

スパッタリングでつけた色はやさしく映えるので、発表会やクリスマス会の招待状など、手作りカードにもおすすめです。

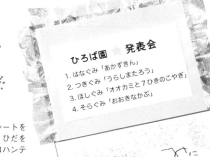

材料
色画用紙・マスキングテープ・絵の具・金網・歯ブラシ・丸シール・オーロラシート・セロハンテープ・のり

星形の色画用紙をマスキングテープで軽く貼る。スパッタリングしたら取りはずす

オーロラシートを細く切り、ひだを寄せてセロハンテープで貼る

スパッタリングする

丸シールや色画用紙で飾る

二つ折りにした色画用紙

貼る

型紙を重ねた上から
スパッタリングして
白く抜くのも◎

3歳児〜
ミニツリーの壁面飾り

スパッタリングでモミの木に積もる雪を表現し、マスキングテープや丸シールなどで思い思いに飾ります。夜空に輝く星もスパッタリングで。幻想的な世界が広がります。

材料
色画用紙・絵の具・金網・歯ブラシ・マスキングテープ・リボン・丸シール・のり

型紙
P.99

スパッタリングして色をつける

色画用紙

色画用紙　リボン
マスキングテープなどを貼って飾る
丸シール
色画用紙

64

低年齢児
向け

キラキラつるし飾り

丸く切った色画用紙にスパッタリングで色づけをして、3枚貼り合わせます。どの面からも楽しむことのできるつるし飾りです。

材料 色画用紙・絵の具・金網・歯ブラシ・リボン・丸シール・のり

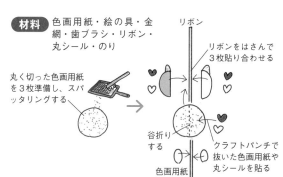

丸く切った色画用紙を3枚準備し、スパッタリングする

リボン

リボンをはさんで3枚貼り合わせる

谷折りする

色画用紙

クラフトパンチで抜いた色画用紙や丸シールを貼る

クリスマスリース

クリスマス気分を高めるキラキラ感たっぷりのリース。ベースの部分は保育者が作り、子どもたちはスパッタリングをしたり、シールを貼ったりして飾りつけをおこないます。

材料 段ボール・色画用紙・絵の具・金網・歯ブラシ・麻ひも・キラキラモール・丸シール・セロハンテープ・のり

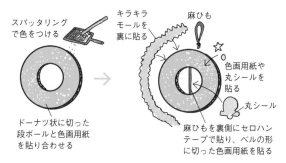

スパッタリングで色をつける

ドーナツ状に切った段ボールと色画用紙を貼り合わせる

キラキラモールを裏に貼る

麻ひも

色画用紙や丸シールを貼る

丸シール

麻ひもを裏側にセロハンテープで貼り、ベルの形に切った色画用紙を貼る

型に和紙などを貼り、乾いたら型を抜く張り子は、民芸品を作るときなどにも使われる伝統的な技法です。コツコツ紙を貼り重ねていく単純作業ですが、集中力の高まりにもつながります。

基本の準備物 風船・プラスチックカップやガムテープの芯など・マスキングテープ・新聞紙・和紙・水で薄めたでんぷんのり

基本のおこない方

①

風船が動かないように、固定します

風船をふくらませる（プラスチックカップやガムテープの芯などにのせ、マスキングテープで固定すると作業しやすい）。

②

多めの水で溶いたでんぷんのりをたっぷりつけて貼ります

ちぎった和紙→新聞紙の順に2層ずつくらい貼り重ねる（和紙がない場合は、新聞紙だけでもよい）。

③

乾かすときは、風船の結びめに輪ゴムをつけて、逆さにつるしても◎

折り紙を2層ほど貼り重ねたら、風通しのよいところに1日置いて乾かす。

④

風船を切って取り出す。

実践動画もCheck!

張り子の実践＆ポイント動画はこちら
https://youtu.be/MCQDv3lvmyg

POINT 1
●和紙や新聞紙を貼り重ねるほど仕上がりがしっかりします。風船はプラスチックカップなどに固定して、作業しやすくします。

POINT 2
●和紙や新聞紙には、のりをたっぷりつけます。のりの染み込みが足りないときは、筆で上からのりを塗るとよいでしょう。

POINT 3
●風船の大きさによって、作品のサイズを変えることができます。小さい作品を作る場合は、水風船がおすすめです。

POINT 4
●P.68のランプシェードのように、紙類以外に、毛糸や麻ひも、不織布などを貼って作品作りを楽しむこともできます。

製作アイデア

のりを
たっぷり
つけて……

型紙
P.100

3 歳児～

きのこのつるし飾り

張り子の丸い形が、きのこのかさを表現するのに
ぴったりです。和紙を貼った上から、はなおりが
みを貼り重ねて作ります。

材料 水風船・和紙・はなおりがみ・でんぷんのり・色画用紙・ひも・セロハンテープ・カラー
ペン・紙コップなど

水風船

小さく切った和紙
→はなおりがみの
順に水で薄めたで
んぷんのりで貼る

紙コップなどにのせる

穴

切る

乾いたら風船を
切って取り出す

テープ
で貼る

色画用紙
ひも

顔は色画用紙で
作って貼るか、
ペンで描く

穴にひもを通し、
結び目を作る

5 歳児～

ハロウィンお面

ハロウィンは、張り子のお面で仮装を楽しみましょう。乾いた
ら色を塗ったり、モールなどで飾ります。

材料 風船・和紙・でんぷんのり・折り紙・アクリル絵の具・段ボール片・
モール・色画用紙・カラーセロファン・セロハンテープ・プラスチック
カップなど

風船に水で薄めた
でんぷんのりで和
紙を貼り、乾かす

プラスチック
カップなどに
のせる

小さく切った
折り紙を貼る

乾いたら
斜めに
切って、
風船を
取り出す

アクリル
絵の具で
塗る

段ボール片と
モールをさす

切り込み

色画用紙
を貼る

切り抜いて、内側から
カラーセロファンを貼る

切り落と
した部分
で耳を作
って貼る

モールを貼る

色画用紙
を貼る

Light on

ランプシェード

風船に毛糸を巻きつけて作るランプシェード。毛糸のすき間からもれる光がやわらかで、すてきです。

型紙 P.100

材料 風船・毛糸・木工用接着剤・フェルト・工作紙・LEDライト・プラスチックカップなど

風船に毛糸を巻きつける

水で薄めた木工用接着剤を塗る

プラスチックカップなどにのせる

乾いたら風船を切って取り出す

フェルト

木工用接着剤で貼る

中にLEDライトを置く

工作紙にフェルトを貼る

ジャック・オー・ランタンの壁面飾り

型紙 P.100

コロンとした形がかわいいミニジャック・オー・ランタンは、水風船で張り子をして、半分に切って一人2つ作ります。

材料 水風船・和紙・折り紙・でんぷんのり・色画用紙・段ボール片・ガムテープ・紙コップなど

水風船

小さく切った和紙→折り紙の順に、水で薄めたでんぷんのりで貼る

紙コップなどにのせる

色画用紙でパーツを作り、のりで貼る

乾いたら風船を切って取り出し、たて半分に切る

段ボール片をガムテープで内側に貼る

のりづけして台紙に貼る

立体的！

COLUMN

水彩絵の具と
アクリル絵の具は、何が違う？

造形活動に欠かせない絵の具。保育の現場では水彩絵の具を使う場面が多いですが、
アクリル絵の具を使うと表現の幅も広がります。2つの違いを紹介します。

水彩絵の具

基本的には紙に描いたり、塗ったりするもので、透明度が高い色、淡い色が表現でき、アクリル絵の具ではむずかしいにじみや、ぼかしなどの技法に生かすことができます。鉛筆やペンなど、ほかの画材と一緒に使うことができ、子どもたちも様々な表現を楽しむことができます。

偶然性の高い
表現を楽しめる

にじみ絵やはじき絵など、多くの技法に用いられます。紙の上でどのようににじんでいくか予測しにくく、偶然性の高い表現を楽しめます。

塗り重ねてできる
色の変化

塗り重ねると下の色が透き通って見え、上に塗った色と重なり合った部分は別の色になります（重色）。パレット上で色を混ぜる（混色）のとは異なる方法で、色の変化を楽しむことができます。

アクリル絵の具

不透明の絵の具で、紙素材以外のものにもよく色がつきます。速く乾くのが特徴で、乾いた上から別の色を塗っても混ざりません。紙の上で絵の具をこねくりまわしがちな子どもの製作にも向いています。耐水性があり、基本的には乾いたあとに水で流しても絵の具はとれません。

プラスチック素材
にも着色できる

プラスチックにも着色できるので、カップ麺の容器やトレーなどにも色づけできます。容器の文字や柄を消したいときは、一度白を塗ってから色をつけます。

発色がいい

段ボールに塗っても、発色よくきれいに仕上がります。また、木や葉っぱなどの自然物にもきれいに着色できるので、製作や見立て遊びなど幅広く使うことができます。

技法 13 切り紙

はさみを使うことが楽しくなってきた子どもたちにおすすめの切り紙。
折った状態で切るため、開くとどんな形や模様になっているのか
想像力や期待感がふくらみます。

基本の準備物 折り紙・はさみ

基本のおこない方

1 折り紙を折る。

2 切る（切る線を下書きしておいてもよい）。

実践動画もCheck!

切り紙の実践＆ポイント
ト動画はこちら
https://youtu.be/9D
GoMYb3N6U

POINT 1

●はさみの位置はあまり動かさず、折り紙を回すようにして切ります。

POINT 2

●切る位置を少し変えるだけでもいろいろな形ができます。子どもの発達に合わせて切る部分を増やすなどして楽しみましょう。

POINT 3

●はじめは、保育者が下書きした線に沿って切ることを楽しめるようにするとよいでしょう。

POINT 4

●P.72～73の作品のように、組み合わせる台紙の色や素材によって作品のイメージが変わります。できた切り紙同士を貼り合わせてみるのもおすすめです。

切り紙で花や星を作ろう！

まずは「6枚花びらの花」にチャレンジし、年齢や発達に応じて、
いろいろな切り方に挑戦してみてください。

基本／6枚花びらの花

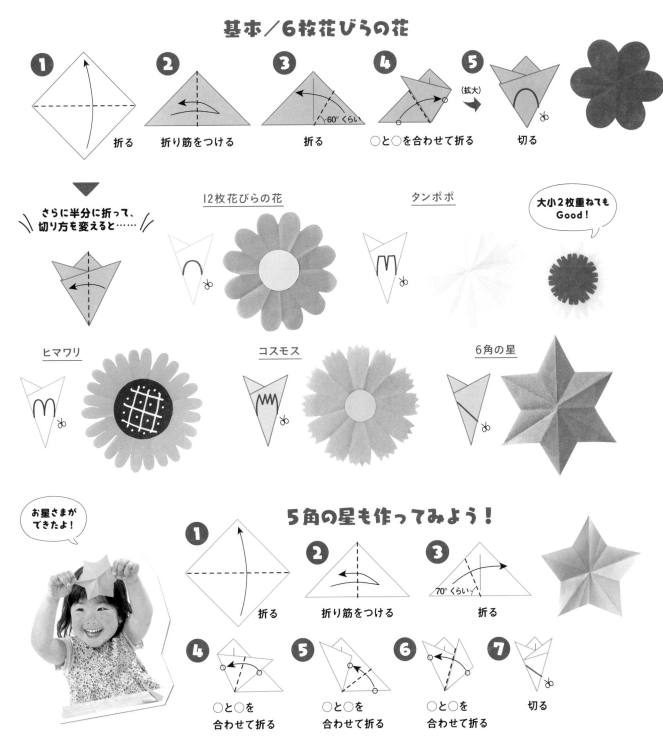

① 折る

② 折り筋をつける

③ 折る 60°くらい

④ ○と○を合わせて折る

⑤ （拡大） 切る

さらに半分に折って、
切り方を変えると……

12枚花びらの花

タンポポ

大小2枚重ねても
Good！

ヒマワリ

コスモス

6角の星

お星さまが
できたよ！

5角の星も作ってみよう！

① 折る

② 折り筋をつける

③ 70°くらい 折る

④ ○と○を
合わせて折る

⑤ ○と○を
合わせて折る

⑥ ○と○を
合わせて折る

⑦ 切る

製作アイデア

切ったあとの紙は
キバみたいな形！

型紙
P.101

③歳児〜

切り紙フィッシュの
壁面飾り

海の中には、カラフルな魚がいっぱい！　魚は、二つ折りした色画用紙で切り紙をして、裏からはなおりがみを貼ります。

材料　色画用紙・はなおりがみ・セロハンテープ・のり・カラーペン

色画用紙を
二つ折りして切る

切り取る

はなおりがみを
セロハンテープ
で貼る

（裏）

はなおりがみ
の上に白の色
画用紙を貼る

（裏）

色画用紙で顔の
パーツを作って
のりで貼る
（表）

夏にぴったりのクラゲの部屋
飾り。紙を2枚重ねて切るこ
とに挑戦してみましょう。

クラゲモビール

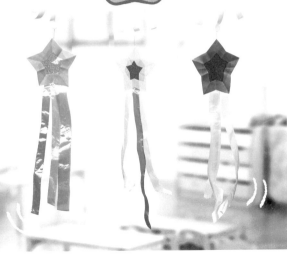

材料

和紙・色画用紙・
折り紙・紙テープ・
カラーセロファン・
スズランテープ・
丸シール・テグス・
セロハンテープ・
のり

和紙を
2枚重ね、
二つ折り
して切る

切り紙した
和紙をそれぞれ
色画用紙に貼る

テグスをはさんで
貼り合わせる

丸シール

裏からカラーセロファ
ンを貼る

巻きぐせをつけた
紙テープを貼る

2枚重ねて切り
紙した折り紙

スズラン
テープ

ステンドグラス風窓飾り

太陽の光を受けて輝く窓飾りです。黒の折り紙で切り紙をして、
裏からカラーセロファンを貼ります。

材料

折り紙・カラー
セロファン・色
画用紙・セロハ
ンテープ

（裏）

黒い折り紙で切り紙し、小
さく切ったカラーセロファ
ンをセロハンテープで貼る

貼る

（裏）

輪状に切った
黒の色画用紙

切り紙ランタン

お祭りの製作にもおすすめのラン
タン。中にLEDライトを入れると、
はなおりがみが透けて幻想的！

ライトアップ

材料

色画用紙・はなおりがみ・折り紙・段ボール・マスキングテープ・セロハンテープ・
両面テープ・LEDライト

（裏）　黒の色画用紙

切り抜く

穴をふさぐように、
はなおりがみを
セロハンテープで貼る

（表）

黒の折り紙で
切り紙して、
両面テープで貼る

黒の色画用紙と
マスキングテープ
を貼った段ボール

セロハン
テープで
貼る

LEDライト

金色の折り紙を
貼った段ボール

技法14 ひっかき絵

パスを2層に塗り重ね、割りばしなどでひっかくようにして絵や模様を描きます。
黒く塗りつぶした画面の下から現れるカラフルな色の世界を楽しみましょう。

えりな

りおと

基本の準備物 色画用紙・パス（オイルパステル）・ひっかく素材（割りばしなど）・新聞紙

基本のおこない方

① 明るめの色のパスで色画用紙を塗る。

② 黒や紺など、濃いめの色のパスで塗りつぶす。

③ 割りばしなどでひっかいて、絵や模様を描く。

POINT1

●ひっかき絵には、クレヨンよりもパスのほうがおすすめです。パスは、クレヨンに比べて油分が多くてやわらかく、色がのびやすいという特徴があり、面塗りに向いています。

POINT2

●紙が大きすぎると色を塗るのに時間がかかってしまうため、大きくてもB5サイズくらいがよいでしょう。

POINT3

●はじめは保育者が区切り線を描き、その中を子どもたちがカラフルなパスで塗るようにするとよいでしょう。

POINT4

●子どもたちの「やってみたい」という気持ちを引き出すために、まずは保育者が手本を見せるとよいでしょう。「この黒い紙に、虹色の魔法をかけるよ」と言いながらおこなえば、わくわく感も増します。

実践動画もCheck!

ひっかき絵の実践＆ポイント動画はこちら
https://youtu.be/DxJjSQTfWOI

カラフルひっかき絵

黒や紺のパスの代わりに、アクリル絵の具を使う方法もあります。色画用紙にパスを塗ったあと、
上からアクリル絵の具を塗り重ねます。アクリル絵の具には、白を少し混ぜると下のパスの色がきれいに隠れます。
絵の具が乾いたら、割りばしなどでひっかいてみましょう。

アクリル絵の具で
おこなう場合は、赤や
黄色など明るめの色を
塗り重ねることも！

下に塗るパスの
色数は1色でも
複数でも！

ひっかく素材を変えるだけでも、いろいろな表現が楽しめる！

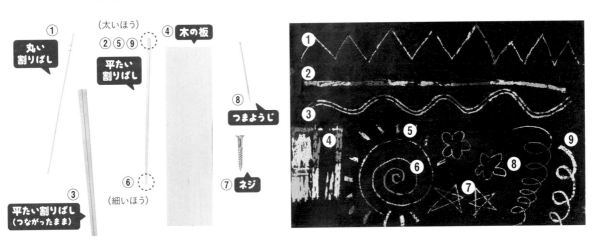

① 丸い割りばし
（太いほう）
②⑤⑨
平たい割りばし
④ 木の板
③ 平たい割りばし（つながったまま）
⑥（細いほう）
⑧ つまようじ
⑦ ネジ

製作アイデア

（3歳児～）

ジュースやさんの 壁面飾り

型紙
P.101

ジュースは、色画用紙にパスを塗ったあと、アクリル絵の具を塗り重ね、割りばしでひっかきます。カラフルなジュースをたくさん作って飾りましょう。

材料 色画用紙・パス・アクリル絵の具・ひっかく素材・のり

色画用紙(白)を
パスで塗る

→

アクリル
絵の具を
塗り重ねる

→

割りばしなど
でひっかく

→

色画用紙でパーツを
作り、のりで貼る

※アクリル絵の具は、白を少し混ぜるとよい(P.77の作品も同様)

あ、水色が
出てきたよ!

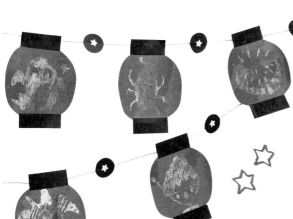

3歳児〜

ちょうちん ガーランド

パスを塗った色画用紙に赤い
アクリル絵の具を塗り重ねて、
ひっかき絵をします。形や色
を変えて、運動会のフラッグ
にしてもいいですね。

材料 色画用紙・パス・アクリル絵の具・
ひっかく素材・麻ひも・のり・
セロハンテープ

色画用紙（白）にパスを塗り、
アクリル絵の具を塗り重ねて
割りばしなどでひっかく

麻ひもに
セロハン
テープで
貼る

色画用紙でパーツを
作り、のりで貼る

色画用紙

4歳児〜

風鈴型つるし飾り

ひっかき絵をした紙をだ円形に切り、名前をつけて
風鈴型の飾りに。

材料 色画用紙・パス・アクリル絵の具・ひっかく素材・たこ糸・
丸シール・セロハンテープ

色画用紙（白）に
パスを塗り、アク
リル絵の具また
は黒のパスを
塗り重ねて、割
りばしなどでひ
っかく

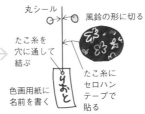

丸シール

風鈴の形に切る

たこ糸を
穴に通して
結ぶ

たこ糸に
セロハン
テープで
貼る

色画用紙に
名前を書く

4歳児〜

山の花火

ひっかき絵で花火を表現。土台には、山をイメージした色画用紙
を貼ります。並べて飾って、たくさんの花火を打ちあげましょう。

材料 色画用紙・パス・ひっかく素材・うちわ・段ボール・はなおりがみ・
のり・ガムテープ

飾ったあとは、うちわ
として使用することも！

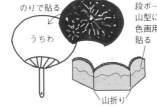

うちわの形に切った色画用紙（白）に
パスを塗り重ね、割りばしなどで
ひっかく

のりで貼る

うちわ

段ボールを
山型に切り、
色画用紙を
貼る

内側にガム
テープで貼る

はなおりが
みを丸めて
詰める

内側から
ガムテープで
とめる

山折り

77

技法 15 こすり出し

でこぼことしたものの上に紙をのせ、色鉛筆などでこすって模様を写し出す技法。
身のまわりにあるいろいろなものの模様を写し出して楽しみましょう。

 基本の準備物 コピー用紙・色鉛筆・形を写す素材

基本のおこない方

❶ 素材の上にコピー用紙をのせる。

❷ 紙をしっかり押さえ、色鉛筆で軽くこする。

実践動画もCheck!

こすり出しの実践＆ポイント動画はこちら
https://youtu.be/yQ-EE6PffYw

POINT1
●色鉛筆を寝かせるように持ち、なるべく一方向でこすります。むずかしい場合は、最初に保育者が一緒に色鉛筆を持っておこなうとよいでしょう。

POINT2
●コピー用紙のような薄い紙のほうが、模様が出やすいです。紙をしっかり押さえるように声をかけましょう。

POINT3
●まずは、みんなで素材探しからはじめてみましょう。葉っぱを使ってこすり出しするときは、葉脈が際立ったものがおすすめです（または、葉っぱを裏返しておこなうとよい）。

POINT4
●色鉛筆は、1色だけではなく途中で色を変えながらおこなうと、カラフルなこすり出し作品ができます。7色使って虹色にしてもGood！

いろいろこすり出しコレクション！

出てくる模様のおもしろさや、手に伝わる感触を楽しみながら、いろいろなものをこすり出ししてみましょう。

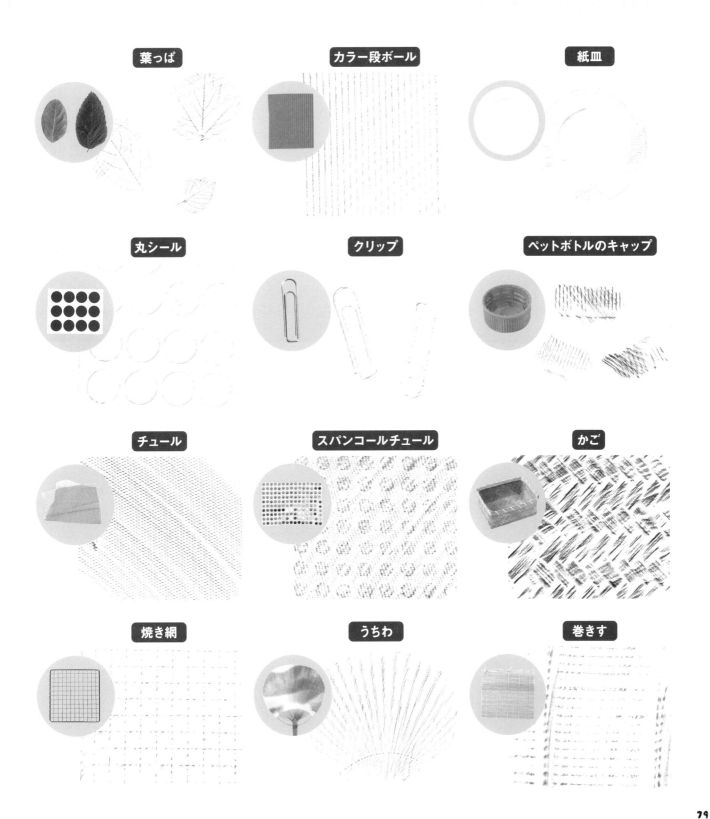

葉っぱ

カラー段ボール

紙皿

丸シール

クリップ

ペットボトルのキャップ

チュール

スパンコールチュール

かご

焼き網

うちわ

巻きす

製作アイデア

材料 色画用紙・丸シール・コピー用紙・色鉛筆・のり

色画用紙に
丸シールを貼る

色画用紙
を貼る

コピー用紙を重ねて、
色鉛筆でこすり出し

切り取る

3歳児〜

型紙
P.102

ぶどういっぱいの壁面飾り

丸シールを三角に貼ってこすり出ししたら、おいしそうなブドウのできあがり。丸シールは、こすったときに模様がきれいに出やすい素材です。

3歳児〜
トンボのつるし飾り

葉っぱの形をそのまま生かして貼ったり、トンボの羽にしたり。秋の訪れを告げるつるし飾りです。

型紙 P.102

材料 色画用紙・コピー用紙・色鉛筆・葉っぱ・丸シール・カラーペン・麻ひも・セロハンテープ・のり

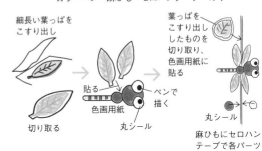

細長い葉っぱをこすり出し

切り取る

貼る

色画用紙

ペンで描く

丸シール

葉っぱをこすり出ししたものを切り取り、色画用紙に貼る

丸シール

麻ひもにセロハンテープで各パーツを貼る

4歳児〜
ありがとうカード

型紙 P.102

おじいちゃん・おばあちゃんへのプレゼントにいかがでしょう。

材料 色画用紙・コピー用紙・色鉛筆・葉っぱ・レースペーパー・写真・丸シール・マスキングテープ・カラーペン・のり

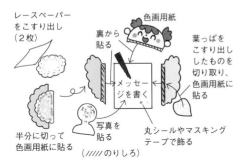

レースペーパーをこすり出し（2枚）

半分に切って色画用紙に貼る

写真を貼る
（/////のりしろ）

色画用紙

裏から貼る

メッセージを書く

葉っぱをこすり出ししたものを切り取り、色画用紙に貼る

丸シールやマスキングテープで飾る

5歳児〜
すてき帽子

たくさんこすり出しをして切り取って、帽子の飾りに。ハロウィンの製作にもおすすめです。

森の妖精さんになった気分！

材料 色画用紙・コピー用紙・色鉛筆・カラー段ボール・葉っぱ・丸シール・セロハンテープ・のり

丸めてとめる

おうぎ型に切った色画用紙

切り込み

色画用紙

穴に入れ、切り込み部分を折ってセロハンテープでとめる

葉っぱをこすり出ししたものを切り取り、のりで貼る

先端を折り曲げ、セロハンテープでとめる

色画用紙を貼る

好きな形に切ったカラー段ボールをこすり出し

切り取ってのりで貼る

丸シール

技法 16 ぼかし絵

クレヨンやパスで模様を描き、消しゴムやティッシュペーパーなどでこすってぼかします。
絵の具とは違った色の広がりや風合い楽しみましょう。

基本の準備物 色画用紙・クレヨンまたはパス・消しゴムやティッシュペーパー

基本のおこない方

① 色画用紙にクレヨンまたはパスで絵や模様を描く。

② 消しゴムや丸めたティッシュペーパーでこすってぼかす。

実践動画もCheck!

ぼかし絵の実践＆ポイント動画はこちら
https://youtu.be/_V6FStECOAk

POINT 1

●消しゴム・ティッシュペーパーなどでこすって、色の広がり方の違いを比べてみましょう。指でこすってもよいでしょう。

POINT 2

●消しゴムの面を白くしておくと、こすったときにきれいに色が出ます。消しゴムを使うときは、なるべく一定方向にこするようにします。

POINT 3

●こすることで色が混ざり合い、こすり方によっても様々な模様の変化が楽しめます。「こすると絵が変身するよ」などと言葉かけをしてわくわく感を高めましょう。

POINT 4

●ぼかすことでやわらかい雰囲気になるため、寒い季節の作品製作にもぴったりです。

82

ぼかし絵の楽しみ方いろいろ！

ステンシルのように型紙は使わず、直線や円など好きな形を描いてぼかしていきます。
できた模様が何に見えるか想像して絵を描き足し、作品にするのもおすすめです。

基本

2色で交互に直線を描き、下から上に向かって消しゴムやティッシュペーパーでこすってみましょう。

> 黄色と水色が混ざって緑に見えるところも！

水玉模様 | 水玉模様を、ティッシュペーパーや指でぐるぐるこすります。

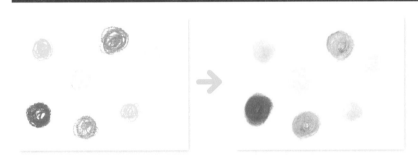

> カラフルなシャボン玉になった！

円形 | 7〜8重の円を描き、中心から外に向かって消しゴムでこすります。

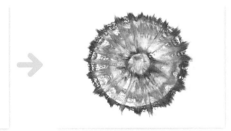

> 葉や茎を描き足せば花のできあがり！

多色で | たくさんの色を消しゴムでこすると、隣り合う色同士が少しずつ混ざり合ってきれい！

> 色と色の間を少しはなしてもおもしろい！

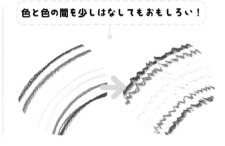

製作アイデア

3歳児～

手まり風モビール

模様が
できてきた！

ひな祭りの飾りとして用いられることの多い手まり
をモチーフにした飾りです。直線・ギザギザ・水玉
など、いろいろな模様を組み合わせて作りましょう。

こすると
色がシュッと
伸びるよ！

型紙
P.103

材料
色画用紙・クレヨンやパス・消し
ゴムやティッシュペーパー・麻ひ
も・セロハンテープ・丸シール

色画用紙に模様を
描き、消しゴムや
ティッシュペーパ
ーでこする

麻ひもにセロ
ハンテープで貼る

色画用紙

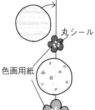

丸シール

色画用紙

4歳児～

豆入れ＆あられ入れ

紙パックを、ぼかし絵で模様をつけた紙で飾ります。
節分の豆入れにも、ひな祭りのあられ入れにもおすすめ！

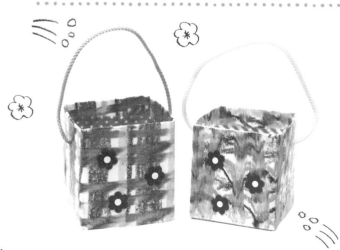

材料 紙パック・色画用紙・クレヨンやパス・消しゴムや
ティッシュペーパー・セロハンテープ・ひも・のり

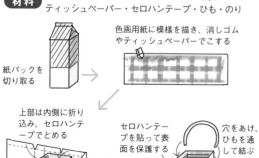

紙パックを
切り取る

色画用紙に模様を描き、消しゴム
やティッシュペーパーでこする

上部は内側に折り
込み、セロハン
テープでとめる

貼る

セロハンテー
プを貼って表
面を保護する

穴をあけ、
ひもを通
して結ぶ

色画用紙

型紙 P.103

材料 色画用紙・クレヨンやパス・消しゴムやティッシュペーパー・カラー段ボール・マスキングテープ・丸シール・麻ひも・のり

 色画用紙に模様を描き、消しゴムやティッシュペーパーでこする

↓

色画用紙でパーツを作って貼り合わせる

→

丸シール
色画用紙 → 貼る
両端をマスキングテープでとめる

穴 / カラー段ボール

穴に麻ひもを通し、上で結ぶ

4歳児〜

おひなさまの つるし飾り

ぼかし絵でできるやわらかな風合いの模様は、おひなさまの着物を表現するのにぴったりです。

材料 色画用紙・クレヨンやパス・消しゴムやティッシュペーパー・のり

 色画用紙に模様を描く

ピンキングばさみで切る

→

消しゴムやティッシュペーパーでこする

→

色画用紙
名前 / のりで貼る

型紙 P.103

3歳児〜

オニのパンツの 壁面飾り

節分の時季にぴったりの「おにのパンツやさん」の壁面飾り。ハンガーにかかったパンツを選ぶオニの楽しそうな顔にも注目です！

そのほかの技法

楽しい技法はまだまだたくさん！　子どもたちと実践したい4つの技法を紹介します。

技法 17 洗い流し

絵の具で描いた絵の上から墨汁を塗ります。乾いてから洗い流すと、絵の具の上の墨汁が流れ、下の絵が浮き出てくるという魔法のような技法です。

基本の準備物 色画用紙・絵の具・墨汁・刷毛・新聞紙

基本のおこない方

① 色画用紙に、濃いめに溶いた絵の具で絵を描き、よく乾かす。

② 絵の具が乾いたら、刷毛で墨汁を塗る。

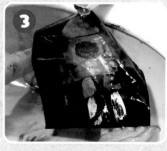

③ 墨汁が乾いたら、水道で水を流しながら、墨汁を洗い流す。

できあがり！

POINT

●絵の具の水溶性（水に溶ける性質）と、墨汁の耐水性（水に溶けにくい性質）を利用した技法です。濃い絵の具で描いても、できあがりの絵は薄い色で浮かびあがります。

●②で墨汁を塗るときは、あまりゴシゴシこすらずに、刷毛でやさしく塗ります。

●①②のあとは、それぞれよく乾かします。

●水でぬらすと破れやすくなるため、厚めの色画用紙でおこなうのがよいでしょう。

●③で絵を洗い終わったあとは、新聞紙の上に置いて、水分をとって乾かしましょう。

●夜空に輝く星や花火、ロケット（上の写真）など、黒い部分を生かした作品作りを楽しむのがおすすめです。

技法 18 吹き流し

紙の上に絵の具をたらし、ストローでフーッと吹くと、絵の具が広がって模様ができます。勢いよく吹いたり、弱く吹いたり、吹き方によって絵の具の広がり方が変わるのも楽しい！

基本の準備物 色画用紙・絵の具・ストロー・新聞紙

基本のおこない方

① 多めの水で溶いた絵の具を、色画用紙の上にたらす。

② ストローで吹いて絵の具を広げる。

POINT

● 吹くときに、ストローの先を少し動かすようにすると、絵の具がいろいろな方向に広がります。
● クリスマスツリーの絵を描いた紙に吹き流しで色をつけるなど（右上の写真）、様々な作品作りを楽しみましょう。

技法 19 糸引き

たこ糸に絵の具を染み込ませて色画用紙ではさみ、引き抜いて模様をつける技法です。できた模様が動物や植物、食べ物などに見えたりして、たくさんの発見が生まれます。

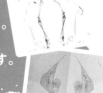

基本の準備物 色画用紙・絵の具・たこ糸・マスキングテープ・新聞紙

基本のおこない方

① 多めの水で溶いた絵の具にたこ糸を浸す。

② 二つ折りした色画用紙の上にたこ糸を置く。

③ 色画用紙ではさんで手でしっかり押さえ、たこ糸を引き抜く。

POINT

● たこ糸の端に、持ち手になるようにマスキングテープを巻いておくとよいでしょう。
● 片手で押さえながらたこ糸を引き抜くのがむずかしい場合は、押さえるほうをサポートしましょう。

スチレン版画

スチレン板にくぼみができるように絵を描き、インクをつけて絵を写し取る技法です。
彫刻刀を使わずにできるので、幼児期の活動にぴったりです。

基本の準備物 スチレン板・鉛筆や割りばし・版画用インクまたはポスターカラー・ローラー・
色画用紙や和紙（半紙や障子紙など）・新聞紙

基本のおこない方

スチレン板に鉛筆や割りばし
で絵を描く。どちらの場合も、
スチレン板にくぼみができる
ように少し力を入れて描く
（鉛筆で下描きをしてから、
割りばしで力を入れてなぞっ
てもよい）。

ローラーで版画用インクまたはポスターカラーを塗り、紙をのせて
全体を手でこする。

ゆっくり紙をはがして、できあが
り！

POINT

● スチレン板は、B5サイズくらいがよいでしょう。
紙やのりなどがついていない素板を使用します。

● 版画用インクやポスターカラーは、ローラーで均
一に伸ばしてからつけましょう。

● ポスターカラーでおこなう場合は、水で薄めずに
使います。乾きやすいため、スチレン板に塗るとき
はあまり時間をかけずにおこないます。

● ❷で紙に絵を写し取るときは、手で全体をしっか
りこすりましょう。

● スチレン板はやわらかいので、フォークでひっか
いて線をつけたり、ペットボトルのキャップを使っ
て型押ししたりして版画にするのもおすすめです。

● スチレン板は、発泡スチロールトレーでも代用で
きます。平らな部分を切り取って使います。

型紙

P.14 こいのぼり

P.16 テントウムシのリース

P.15 ナノハナの壁面飾り

P.16 お花畑の壁面飾り

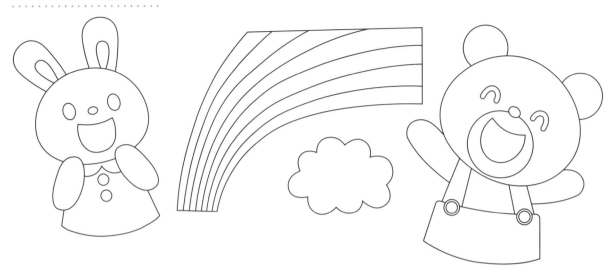

P.17 イチゴのガーランド

P.20 カラフルかさ

P.20 かさとてるてるぼうずの
つるし飾り

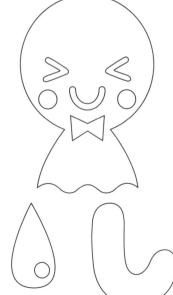

P.21 ヨットの飾り

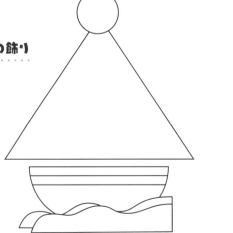

P.21 カブトムシとセミの壁面飾り

P.23 打ちあげ花火

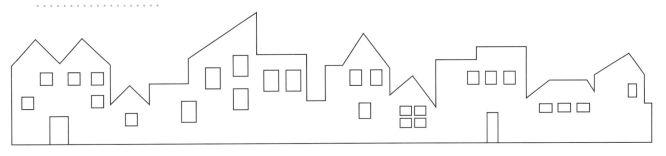

P.26 アジサイ飾り

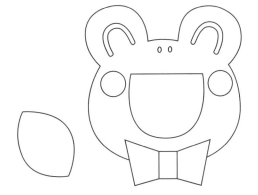

P.27 カタツムリの壁面飾り

P.28 クリスマスリース　　　　　　**P.29 シャボン玉の窓飾り**

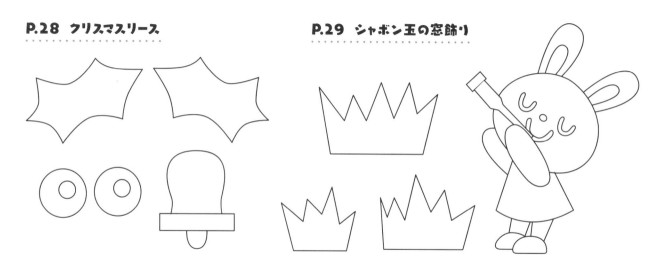

P.32 織姫・彦星

P.32 壁かけアサガオ

P.33 洗濯物の壁面飾り

P.34 キャンディやさんの壁面飾り

P.35 風船ガーランド

P.35 マーブリングうちわ

P.35 アイスクリームガーランド

P.38 秋の実りのつるし飾り

※実の部分は、色画用紙を
2枚重ねて二つ折りして切る。

りんご　　　　　かき　　　　　ぶどう

P.39 手袋やさんの壁面飾り

P.40
羽子板のつるし飾り

P.41 フクロウのつるし飾り

P.44 落ち葉の壁面飾り

P.45 秋のつるし飾り

P.47 風船気球の壁面飾り

96

P.48 小鳥のガーランド

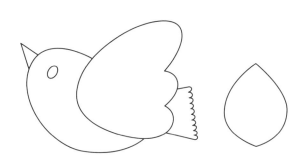

P.53 たけのこの窓飾り

P.52 アオムシの壁面飾り

P.55 お月見飾り

P.56 カラフル電車の壁面飾り

P.60 きのこの丘の壁面飾り

P.60　ハロウィン飾り

P.61　スイスイトンボ　　※ススキのギザギザ部分は、
　　　　　　　　　　　　　　　ピンキングばさみで切るとよい。

P.61　キャンディモビール

P.64　ミニツリーの壁面飾り

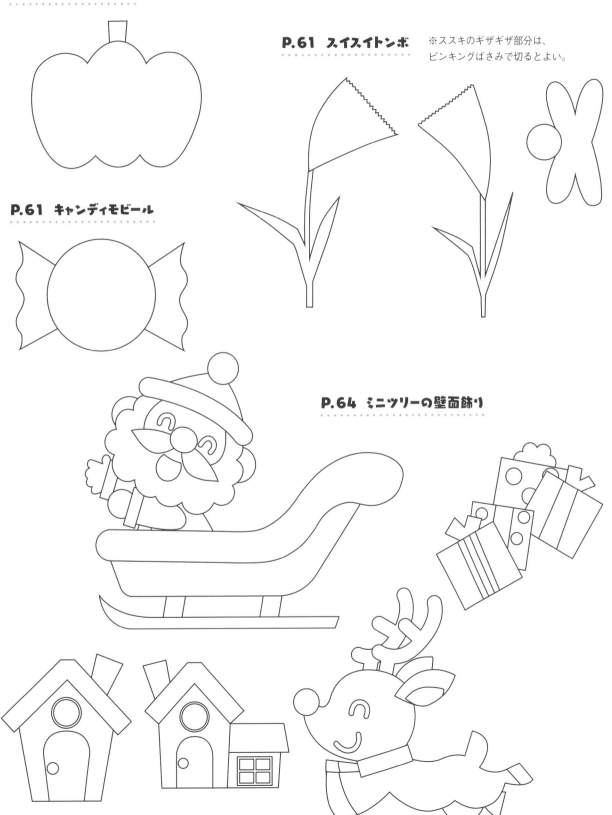

P.67 きのこのつるし飾り

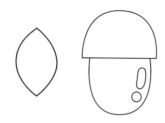

P.68 ランプシェード

 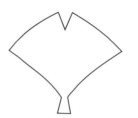 

P.68 ジャック・オー・ランタンの壁面飾り

P.72 切り紙フィッシュの壁面飾り

P.76 ジュースやさんの壁面飾り

P.80 ぶどういっぱいの壁面飾り

P.81 トンボのつるし飾り

P.81 ありがとうカード

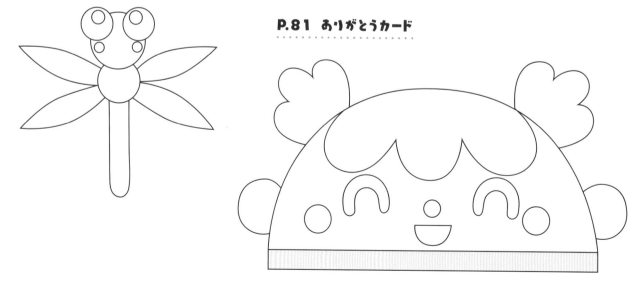

のりしろ

P.84 手まり風モビール

P.85 おひなさまのつるし飾り

P.85 オニのパンツの壁面飾り

著者
星野はるか
(株)KUMA'S FACTORY

"よりよい保育の環境づくり"をコンセプトに支援提供をおこなうKUMA'S FACTORYチーフクリエイター。イラストレーションや童画製作、保育士就職フェアなどでも製作セミナー講師をつとめるほか、保育製作に関する園内研修や幼児向けのワークショップなども全国の園で開催している。株式会社メイト主催のサマースクールで造形講師もつとめる。

●KUMA'S FACTORY公式HP
  http://www.studio-kuma.net

STAFF

デザイン／ohmae-d
撮影／竹中博信
モデル／小野春乃・木戸愛菜・木戸結菜・齋藤優希・
　　　　嶋野衣都・嶋野綸仁・高瀬 杏
編集／中村由美

本書は、『ひろば』での連載（2021年4月号〜2022年12月号）をまとめ、加筆・再編集したものです。

QRコードは株式会社デンソーの登録商標です。

2023年4月1日　初版発行

著者／星野はるか（KUMA'S FACTORY）
発行人／竹井 亮
発行・発売／株式会社メイト
　　　　　　〒114-0023 東京都北区滝野川7-46-1
　　　　　　明治滝野川ビル7・8F
　　　　　　TEL 03-5974-1700（代表）
製版・印刷／光栄印刷株式会社